LA SABIDURÍA DEL YOGA

Ramiro Calle

Postura y respiración

Asana y Pranayama

editorial Kairós

© 2024 by Ramiro Calle

© de la edición en castellano:
2025 by Editorial Kairós, S.A.
www.editorialkairos.com

Fotocomposición: Florence Carreté
Diseño cubierta: Katrien Van Steen
Foto del autor: José Ignacio Vidal
Impresión y encuadernación: Romanyà-Valls. 08786 Capellades

Primera edición: Enero 2025
ISBN: 978-84-1121-337-0
Depósito legal: B 178-2025

Este libro ha sido impreso con papel que proviene de fuentes
respetuosas con la sociedad y el medio ambiente y cuenta con los
requisitos necesarios para ser considerado un «libro amigo de los bosques».

Con Almudena Haurie comenzó mi trabajo espiritual y yóguico más riguroso en la India, a lo largo de numerosos viajes. Le dedico esta obra con inmenso cariño y gratitud.

Sumario

Nota del editor

Algún tiempo de los primeros siglos de la era común, vivió el sabio indio Patañjali. A él debemos la recopilación en poco menos de doscientos aforismos de una serie de enseñanzas y prácticas diversas y dispersas que compartían la etiqueta «yoga»; una sabiduría espiritual que se había ido gestando a lo largo de mil años.

Las *Upanishads* ya hablaban del yoga como «control de los sentidos», el budismo y el jainismo desarrollaron sus yogas, en el sentido de conjunto de prácticas espirituales (*marga*), como el famoso Noble Óctuple Sendero budista. La *Bhagavadgita* ahondaba en este significado amplio de yoga como «camino espiritual», proponiendo tres vías de progresión (conocimiento, acción y devoción).

Patañjali reunió en sus famosos *Yoga Sutras* gran parte de ese bagaje espiritual y filosófico. Lo denominó Kriya-Yoga (yoga de la acción) o Ashtanga-Yoga (yoga en ocho miembros). De esta forma, sistematizó una larga tradición espiritual, transmitida entre círculos de yoguis, ascetas y sabios, y le dio consistencia filosófica. Lo transformó en «punto de vista» (*darshana*), en clara sintonía con otra antigua escuela filosófica denominada Samkhya.

Sus *Yoga Sutras* fueron profusamente comentados. Las corrientes yóguicas posteriores tendieron a legitimarse y anclarse en los ocho miembros de Patañjali, incluso cuando la práctica yóguica se vio insuflada –primero– por las tradiciones tántricas, –luego– por la filosofía vedanta, y –a partir del siglo XX– por la eclosión de los nuevos yogas corporales. En todos los casos, el yoga en ocho miembros del legendario maestro ha quedado como referente ineludible de los yogas modernos.

Quién mejor que Ramiro Calle, pionero en la introducción y divulgación del yoga en lengua española, con una larguísima experiencia en interpretar, desgranar y facilitarnos lo más elevado de la cultura yóguica, para sumergirnos en la sabiduría de Patañjali. La serie que presentamos consta de cuatro libros concisos y esclarecedores que reúnen –en pares– los famosos ocho miembros que articulan la síntesis clásica del yoga.

El *Yama* y el *Niyama* versan sobre las predisposiciones éticas y de conducta del practicante; *Asana* y *Pranayama*, sobre las posturas y prácticas de respiración; *Dharana* y *Pratyahara* abordan las técnicas de concentración y focalización, y *Dhyana* y *Samadhi*, finalmente, tienen que ver con la meditación yóguica y su culminación.

El conjunto representa una síntesis impagable acerca de la sabiduría yóguica; una milenaria tradición de acción espiritual que desborda con creces las prácticas posturales, pues las incluye en un programa liberador muy amplio, siempre abierto a múltiples interpretaciones y tradiciones.

AGUSTÍN PÁNIKER

Cuando el pensamiento cesa, se revela la luz del Ser.

Agradecimientos

Por su cariño, generosa atención y su muy valiosa amistad, siempre estoy profundamente agradecido a los doctores Rafael Rubio, José Manuel Muñoz de Unamuno, Vicente Díez y Jesús Casado.

Mi gratitud para Isabel Asensio y María Alasia de la editorial Kairós, por su gran eficacia y proverbial amabilidad.

Siempre en deuda con Antonio García Martínez, porque es de esos amigos que están siempre en disponibilidad y apertura amorosa, ejemplo de un verdadero yogui urbanita.

Siempre tendrán mi agradecimiento los leales amigos de búsqueda, que vienen caminando junto a mí desde hace mucho tiempo, como Simón Mundy, César Vega y Carlos Campo.

Por su renovada y contumaz confianza en mis obras, por esa sabiduría que comparte conmigo a través de nuestras enjundiosas conversaciones y de sus libros, por los sinceros abrazos que nos damos, aunque sea de tarde en tarde, mis más expresivas gracias para Agustín Paniker, director de la Editorial Kairós y un inspirador e inspirado pensador.

Siempre tendrán mi gratitud mis alumnos del centro de yoga Shadak, pues con su afecto y fidelidad han conseguido que, a mis ochenta y un años, continúe impartiéndoles clases de meditación con invariable motivación e ilusión.

¿Cómo no estar agradecido a Luisa, Silvia y Adoración, que me han acompañado en Shadak a lo largo de veinticinco años impartiendo formidables clases de genuino Hatha-Yoga y apoyándome con su confortador cariño y amistad?

Algunos amigos cumplen a la perfección aquello que apuntaba Khalil Gibrán cuando decía: «Que lo mejor de uno sea para su amigo», como es el caso de mi fraterno amigo Jesús Fonseca, quien tanto me quiere y al que tanto quiero, porque siempre le estaré hondamente agradecido.

Introducción

Esta colección de cuatro volúmenes titulada *La sabiduría del yoga*, quiere abordar los ocho grados o miembros del Raja-Yoga, conocido como del sabio Patañjali o Ashtanga-Yoga, que son:

1. *Asana* y *Pranayama*.
2. *Dharana* y *Pratyahara*.
3. *Yama* y *Niyama*.
4. *Dhyana* y *Samadhi*.

Aunque representan un camino ascendente, perfectamente diseñado, para alcanzar la liberación o *moksha*, se trata de ir asumiendo y observando también simultáneamente estos grados para ponerlos al servicio de la conquista del octavo de ellos, el *samadhi* o experiencia liberadora. En los cuatro volúmenes que configuran esta colección, iremos abordando estos grados o miembros de dos en dos, comenzando intencionadamente por *Asana y pranayama* y dejando para el tercer volumen *yama* y *niyana*, o sea esa disciplina genuinamente ética y que nunca debe faltar en ningún sistema liberador serio y fiable. Buda subsumía todo en su Noble Óctuple Sendero y en lo que denominó las tres disciplinas o entrenamiento: el ético, el mental y el desarrollo de la Sabiduría. No hay que olvidar que Mahavira y Buda fueron dos de los más grandes yoguis y la buena cantidad que hay de vasos comunicantes entre el Noble Óctuple Sendero de Buda y los *Yoga Sutras* de Patañjali, ambas magníficas sendas para ir más allá de la mente ordinaria y nesciente y conquistar la mente liberadora.

Comparados con las enseñanzas más antiguas del yoga, los *Yoga Sutras* casi resultan al menos relativamente recientes. Muy anteriores son las enseñanzas y yogas de Mahavira y Buda, que a su vez las recibieron de maestros de más edad que ellos, por lo menos de los de Buda sabemos sus nombres y que ya estaban muertos cuando el Despierto fue a buscarlos tras su despertar.

Los *Yoga Sutras* son del siglo IV de nuestra era, pero las enseñanzas de Buda y Mahavira tienen dos mil quinientos años de antigüedad, aunque el yoga como tal es anterior. Las primeras *Upanishdas* cuentan al menos con ochocientos años de antigüedad, por eso, lo que trato de decir es que los conocimientos y técnicas que recoge Patañjali en sus cuatro libros de aforismos son muy anteriores a él, aunque supo sistematizar y ofrecer dichos conocimientos como una salvífica escalera hacia la Liberación, partiendo de lo que se enuncia en los dos primeros aforismos: que el yoga consiste en inhibir los pensamientos o fluctuaciones (torbellinos) en la mente. De ese modo, se sobrepasa la consciencia ordinaria y se obtiene la sabiduría liberadora. Patañjali ofrece instrucciones y métodos para lograr superar obstáculos en el viaje hacia *kailvalya*, el aislamiento o la emancipación que representan la más alta liberación.

Hay dos maneras de aproximarse a los aforismos de Patañjali, para adentrarse en sus cuatro libros y extraerles sus enseñanzas y métodos psicomentales. Una es de manera teórica, y la otra, práctica. La primera aporta conocimiento, informa y en algo orienta, pero la segunda proporciona Sabiduría, transforma y aproxima al plano de la emancipación. Me siento en la obligación de aclarar que he conocido infinidad de personas que han leído los *Yoga Sutras*, pero que pocas han alcanzado una aplicación realmente práctica y transformativa en sus vidas. Sin embargo, al hacerme cargo de esta colección, mi intención ha sido lograr un aprovechamiento práctico y de verdadera transformación, con las enseñanzas, las pautas de orientación y los métodos de Patañjali. Esta es la intención con que enfoco esta obra y las que seguirán en esta serie, con un carácter didáctico y práctico, pues la teoría está bien cuando conduce hacia la práctica, convirtiendo la expectativa en autorrealización. ¡Hay tantas técnicas que el yoga nos proporciona para poder cambiar, y mejorar, para poder cruzar de la orilla de la ignorancia y la servidumbre a la de la sabiduría suprema y la libertad!

Parte I. Asana

1. El asana como senda hacia la quietud

En los orígenes del yoga, se buscaba la introspección, a fin de explorar otros espacios de la mente, que estuvieran libres de ideaciones y corrientes mentales, en los que los incontrolados torbellinos pudieran cesar, para tener la oportunidad de conseguir un tipo de experiencia más transformativa y reveladora de otras dimensiones veladas y ocultas para la mente ordinaria, es decir, la pensante, que está basada en los denominados pares de opuestos o contrarios (amargo-dulce, blanco-negro, arriba-abajo, etcétera). Para que ese viaje interior fuera posible y se concretara, los yoguis creaban y ensayaban infinidad de técnicas, convirtiéndose así en su propio laboratorio viviente, confiando en la experiencia y no en la creencia, pues es la que permite evolucionar. En cambio, esta última genera, a menudo, todo tipo de prejuicios y estrechamientos mentales que nos desvían de la senda hacia nuestro interior.

En este viaje existencial, el cuerpo es un compañero inseparable, pues como ejemplifica un antiguo adagio, nos acompaña como el caparazón a la tortuga. El cuerpo se hace sentir siempre, salvo cuando estamos profundamente dormidos o anestesiados, y algunas veces es fuente de dolor y otras de placer. Pero lo que es innegable es que en la aventura del espíritu y en el viaje interior, el cuerpo está presente, tal como lo está en la práctica meditativa, pese a que para muchas personas se puede convertir en un obstáculo, en una fuente de tensiones o dolores y, cuando menos, en incomodidades.

Sin embargo, el yoga siempre ha convertido en algo bueno lo que en un principio parecía un obstáculo, pues siempre es un aliado. De ese modo, los yoguis empezaron a indagar en la forma de utilizar el cuerpo o por lo menos en no dejar que los obstaculizara en la vía introspectiva. A partir de su experimentación, descubrieron que la inmovilidad del cuerpo va conduciendo a la de la mente y que, además estimula una especial vivencia de ser-estar, favoreciendo la concentración y la interiorización.

Toda persona que medite con frecuencia sabe que, si el cuerpo está inmóvil durante un tiempo, emerge un sentimiento de quietud y solidez. Además de un estado de consciencia calma e imperturbable, aunque no se llegue a mantener la inmovilidad durante esas tres horas, que según aseguran algunos yoguis permiten un salto de consciencia, incluso ir más allá de la consciencia ordinaria. Al haber una interrelación estrechísima entre cuerpo y mente, o entre la mente y el cuerpo, este puede utilizarse con gran eficacia para calmar y unificar aquella. Por esto es por lo que Ramakrishna insistía en que en el cuerpo hay perlas que hay que saber encontrar, porque son como simientes de energía, para ayudar en el proceso de la evolución.

En la disciplina del Raja-Yoga (el yoga primigenio, el núcleo central del sistema yóguico) pronto se descubrió la utilidad de una postura corporal estable y confortable para la meditación, evitando la de decúbito supino, porque no se puede mantener la mente alerta y clara, además de provocar pereza y torpor. Es por esto que se propuso la postura sentada, con el tronco erguido, recurriéndose al simbolismo de que de ese modo las nalgas se apoyaban en la tierra y la cima de la cabeza se proyectaba hacia el éter, mientras que la espina dorsal se equiparaba con la columna vertebral del Universo. De ese modo, el yogui (simbólicamente hablando) se convertía en un guardián de la tierra y en un testigo del cielo, siendo una conexión entre una y otro, es decir, una especie de antena entre lo material (la sustancia primordial o *prakiriti*) y lo espiritual (*purusha*). Por otra parte, la postura sentada es la que adopta Shiva, el dios del yoga, a excepción de cuando danza recreando los innumerables espacios cósmicos, donde pasa de la inmovilidad más rigurosa al movimiento más frenético y de la suprema quietud a la danza cósmica. Todos deberíamos imitar a Shiva y combinar y conciliar la inacción con la acción, pero una acción que sea consciente y no mecánica, lo que nos permitirá llevar la meditación o contemplación a la acción y la acción a la meditación, pues la introspección requiere mucha atención interior, además de mucha voluntad para evitar dispersarnos.

En sus comienzos, el yoga ya era sinónimo de quietud y podríamos decir que también de autocontrol, pero sobre todo de sosiego, pues como la quietud se alcanza sobre todo con la meditación, era también su sinónimo. El término yoga deriva de *jug*, o sea yugo, enlace, unión, fusión, porque por un lado es el método para lograr que la mónada espiritual del individuo se desligue de la materia y se libere, representando la disociación del *purusha* (espíritu) de la *prakriti* (sustancia material, naturaleza). Asimismo, es la unión de la energía personal (*atmán*) con la cósmica (*Brahmán*), pues uno es el enfoque del desligamiento o aislamiento y el otro el de la unión o fusión, pero ya sabemos que por cualquier lado que se pruebe el agua del océano, siempre tiene el mismo sabor, ya que no es la teoría ni la disquisición las que liberan, sino la experiencia, que implica la práctica asidua de la meditación o introspección, apoyada por una ética genuina, o real virtud, y el alumbramiento de la sabiduría o entendimiento correcto. Pero insistamos en ello, el cuerpo no puede dejar de estar presente, puesto que hablamos de humanos y no de ángeles. Esto ya se anunció a los yoguis de antaño: que la corporeidad debía ser amaestrada para ponerse al servicio de la búsqueda interior; es decir, que debe ser sometida a una deliberada inmovilidad, durante la práctica meditativa, para no obstaculizar el trabajo de la mente. Hay que tener presente que el objetivo básico del yoga real es elevar la consciencia e incluso sobrepasarla, superando la ordinaria condición mental humana, para poder desencadenar ese estado especial de mente o psique, que es denominado *samadhi*, que resulta irreductible a las palabras y que debe ser sentido y no explicado.

En lugares como Bodh Gaya en la India, o en otros como Sri Lanka, he tenido ocasión de observar a meditadores, en gran parte monjes, que permanecían durante horas en una absoluta y llamativa inmovilidad, como si fueran auténticas estatuas, sin que nada exterior pudiera perturbarlos en lo más mínimo. Esto requiere un entrenamiento continuo, pero que resulta de gran eficacia para mantener la consciencia imperturbable y para cultivar y desarrollar mucha ecuanimidad. No debemos pasar por alto que mediante la ecuanimidad o equilibro de ánimo, la meditación aporta grandes beneficios, ya que impide la reactividad que alimenta las tendencias o impregnaciones subconscientes, como hemos analizado detenidamente en nuestra obra *Raja-yoga*.

La corporeidad es la más externa de las envolturas o vestimentas (*koshas*) que configuran al ser humano. Todas deben inmovilizarse durante la introspección, pues de acuerdo con la antigua instrucción, «cuando el pensamiento cesa, se revela la luz del ser», y es más fácil que cese si el cuerpo se inmoviliza y el prana fluye armónicamente. Hay muchas técnicas para ello y he recogido nada menos que ciento treinta y siete en mi obra *Cien técnicas de meditación*. Durante la práctica meditativa, el cuerpo se pone bajo dominio, utilizando un símil: el tigre se acuesta. Liberada del cuerpo, la mente emprende el viaje del retorno, yendo de lo externo a lo interno, de la periferia al centro, de lo burdo a lo más sutil, de la dispersión a la unidad. Ese volumen o carcasa que es el cuerpo se sosiega de tal modo que no obstruye el viaje hacia el interior, porque es como un soporte bendito, que nos transfiere un sentimiento de solidez, tal como la montaña, que resulta inexpugnable. No podemos ni imaginar cómo podría ser la meditación sin cuerpo y, aunque supongamos que quizá nos distraeríamos menos sin él, pero es muy probable que fuera al revés. Cuando estoy meditando y me distraigo en exceso, me amarro al cuerpo, como el barco a su ancla, ya que el mayor problema no reside en el cuerpo, sino en la mente.

Una vez reconocida la importancia y la trascendencia de la postura inmóvil, el meditador debe buscar la postura meditativa, que más se avenga con su estilo. Hace tiempo, se convirtió en emblemática la postura del loto o *padmasana*, que no es nada fácil para la mayoría de los occidentales y que les ha provocado muchas lesiones. Aunque la consigamos, no vamos a convertirnos en un buda, de modo que, si pensamos que va a traernos problemas, será mejor elegir otra. Como tampoco se retrasará nuestra práctica meditativa porque utilicemos un cojín o varios, ni porque la hagamos en una silla para estar más erguidos. Solo si estamos enfermos debemos recurrir a la meditación tumbados. Un asiduo practicante me decía: «Durante meses, creí que la postura me impedía obtener grados profundos de concentración, pero cuando dominé la posición, me di cuenta de que era la mente, con lo cual valoré mucho tener un cuerpo que me molestase porque, cuando la mente se ponía muy dispersa, me servía del cuerpo para amarrarla». Tuve un alumno que sostenía la falsa convicción de que sin cuerpo meditaría mejor. Por ese entonces, se pusieron de moda las cámaras de insonorización, que consistían en una especie de bañera con agua a la temperatura del cuerpo, que flotaba y dejaba de sentirse, así en una absoluta oscuridad y silencio, uno solo era mente. Mi alumno contrató seis sesiones, pero después de la primera decidió perder las restantes, porque jamás había estado tan disperso. No había luz, ni ruido, ni siquiera había cuerpo, pero había mente, ¡y vaya mente tan ruidosa y hostigante!

Asana es postura y postura es asana, pues es una posición corporal, una especie de silueta. A lo largo del día, adoptamos diversos asanas: sentado, de pie, extendido, reclinado, echado hacia delante o hacia detrás. Sin embargo, todos los asanas de meditación los hacemos sentados, algunos son más complicados que otros, como la postura del sastre. Lo ideal no es estar cambiando de asana en cada sesión de meditación, sino adoptar uno y lograr adaptarse por completo.

El vocablo *asana* aparece por primera vez en *Svetasvara Upanishad*, aunque su práctica sea muy anterior, pues ya en las excavaciones de Mohenjo-Daro aparecen sellos de cerámica mostrando a Shiva (o un proto-Shiva) sentado en meditación; es decir, utilizando un asana. Por su parte el *Trisikhibrhamana* hace numerosas referencias a los asanas, si bien son los textos clásicos de Hatha-Yoga (*Hatha-Yoga Pradipika*, *Shiva Samhita*, *Gheranda Samhita* y *Goraksa-Shataka*) los que abundan sobre los asanas y sus explicaciones, tanto de los meditativos como de las culturales. Patañjali sitúa el asana en el grado tercero de sus ocho grados y nos dice que debe ser estable y confortable, lo que solo se consigue con la práctica. En el yoga clásico, el asana permite lograr la mente unidireccional y a ese objetivo apunta Patañjali, pues es la inhibición del pensamiento. Según las traducciones, se habla de «control de las ideas en la mente», «represión de las ideaciones» o «suspensión de los procesos mentales». Al final, es lo mismo, porque se trata de suprimir los torbellinos mentales para conseguir el anhelado *niroddha* o *samapatti,* que permite conectar con la mente no pensante o no mente, donde hay respuestas intuitivas o supraconscientes, que no son rescatables en la mente ordinaria, regida por los pares de opuestos y por muchos otros condicionamientos. De este modo, es indiscutible que Patañjali convierte el asana en un método liberador, de la misma forma en que utiliza la concentración en el Divino (*Ishvara*), como método de ensimismamiento, introspección y suspensión de la ordinaria y aturdidora dinámica de la mente.

Durante siglos, en la vía del yoga se prestó mucha atención y dedicación a los asanas meditativos, sin que existiera el menor interés por otro tipo de posiciones corporales hasta alrededor de los siglos xv o xvi, quizás algún siglo antes, cuando se revalorizó la corporeidad y se puso al servicio de la búsqueda espiritual. Sin embargo, durante mucho tiempo, en el terreno del yoga, el budismo, el jainismo y, en suma, en la práctica introspectiva, lo que contaba era lo que se denominó «asana meditativo»; es decir, la adopción de una postura sentada para realizar la práctica de concentración e introspección.

Hay un buen número de asanas meditativos y el practicante debe hallar el que mejor se le ajuste para la práctica. Otra
cosa es que el hatha-yogui efectúe estos diversos asanas como
una forma de entrenamiento para obtener beneficios físicos o
psicosomáticos.

Cuando se ejecuta el asana para la meditación, nunca debe
forzarse tanto que lesione la rodilla o cualquier otro aspecto
de la pierna. El esfuerzo es mental, pero no físico, por eso el
adiestramiento debe ser paciente y paulatino, evitando el dolor y asumiendo solo una razonable molestia. Con la práctica
regular se conseguirá mantener la posición un tiempo adecuado, pero hasta que eso sea posible, el aspirante puede cambiar
de postura y hasta por momentos estirar una o ambas piernas.
Como sabemos bien los que practicamos yoga, ningún esfuerzo se pierde y, tal como supe desde mi juventud a través de
algunos mentores, el hecho de mantener con ecuanimidad la
postura, es también meditación. Una antigua instrucción dice:
«sin postura, impostura», en el doble sentido de la palabra.

Sin duda, todos los asanas, sobre todo los meditativos
en inmovilidad, son una especie de «tapas» en el más noble
sentido del término, es decir, un *sadhana* (disciplina) para
activar el poder interior y cultivar una voluntad muy firme.
Mantener el asana (sea meditativo o no) requiere voluntad,
tesón y ecuanimidad, por eso, actualiza potenciales internos
que pasan desapercibidos. El asana entrena al practicante en
la detención voluntaria y consciente, tanto física como men-
talmente. En determinadas sesiones de meditación (aquí me

permito personalizar), he conseguido suspender las ideas en la mente (el *chiti vritti nirodha* de Patañjali) cuando he logrado una inmovilidad que pasa de ser provocada a convertirse en espontánea, cuando se torna natural, ya que surge de un estado especial de consciencia que conocen bien los que han accedido a esa inmovilidad natural, que al principio implica un esfuerzo. Aquí se cumple aquello que me decía un experto en yoga llamado Probod Mitra: «En la extremidad del esfuerzo aparece el esfuerzo sin esfuerzo». El asana bien entrenado coopera en esa detención consciente de cuerpo y mente, por eso se le considera una herramienta útil para el trabajo interior, ya que, apoyado con firmeza en el asana, se puede comparar con el que se agarra a un mástil, para que no lo lleve la corriente, en este caso la psicomental.

Todo esfuerzo excesivo y precipitado está dirigido al fracaso, es decir, a sufrir una lesión, que se suele dar por la falta de una paciencia atenta o una atención paciente, que después de años de práctica, se produce en los tobillos, los meniscos, las caderas y otras zonas de la parte inferior del cuerpo. En mi caso, por ese anhelo de avanzar en la práctica, cometí imprudencias que me dejaron lesiones que luego demoré en revertir, por eso me gustaría citar ese adagio que dice: «Apresurémonos lentamente».

Asimismo, es aconsejable comenzar por entrenarse con las posturas meditativas más simples y fáciles, como la del sastre, para luego poder pasar a otras más complejas, como la perfecta postura: el medio loto. La experiencia de más de una década me permite decir con fundamento que no es necesaria la posición del loto, pues con la del medio loto o la perfecta es suficiente para ejecutar técnicas que mueven el cuerpo como el *bhastrika* o el *kapalabhati*. Existe no poca fantasía, y a veces disparate, con respecto a las posturas, considerando que unas son muy potentes (casi portadoras de *siddhis*) y otras no, y que unas remueven la kundalini y otras menos, pero nada hace suponer que el *padmasana* tiene que reportar más beneficios que el *siddhasana*, o el *sirsasana* que el *sarvangasana*, aunque es cierto que, si el *padmasana* se ejecuta cómodamente y sin ningún riesgo, es la posición de preferencia para el *pranayama* y la meditación. Sin embargo, a veces se invierte demasiado tiempo en conseguir algunas posturas que resultan difíciles cuando sería mejor emplearlo en la meditación, pues la postura es un medio y no un fin. Además, la postura yóguica es como un arquetipo o prototipo inspirador, o sea que tiene un carácter iconográfico, ya que mediante su práctica aporta una experiencia vivencial y reveladora, es decir, un modo diferente de percibir y percibirse. Esta aseveración resultará extraña a la persona que todavía no ha descubierto y experimentado los resultados de la postura inmóvil. ¡Qué poco saben de todo ello los gimnastas, acróbatas y culturistas del yoga! Tal vez, en términos que se aproximan a lo científico, podríamos decir que las posturas gimnásticas desencadenan la adrenalina, y las estáticas, la serotonina. Aunque lo idóneo es el equilibrio de una y otra sustancia, tal como se encarga perfectamente la combinación del Hatha-Yoga y el Raja-Yoga. Un yogui me dijo hace muchos años en la muy degradada mente yóguica Rishikesh: «El yoga nos enseña a ser pasivos en la acción y activos en la inacción». He conocido yoguis que eran capaces en sus ermitas de realizar con llamativa precisión una diligente actividad para atender sus necesidades cotidianas, como la minuciosa limpieza de su cuerpo y su entorno, la preparación de una comida *sattvica* (pura), la investigación de textos y, por otro lado, las disciplinas yóguicas y meditativas, pasando con admirable prontitud y diligencia de la acción a la inacción y de la inacción a la acción.

2. Las posturas meditativas

El requisito básico al ejecutar las posturas meditativas es no forzar y sobre todo ser cuidadosos y no confiarse, aunque se sea muy flexible con las piernas. Conozco casos de practicantes que se han lesionado gravemente por haber confiado en la flexibilidad de las articulaciones de sus piernas. Uno de estos practicantes tenía tanta flexibilidad que cruzaba las piernas en loto con la misma naturalidad y facilidad con que los demás cruzamos los brazos, pero un día se incorporó así al amanecer para meditar, y se lastimó el menisco de una rodilla, y tuvieron que hacerle una cirugía para recuperar la movilidad. Como no es un caso aislado, aconsejo evitar el descuido o la negligencia y moverse con atención y cuidado, porque si se está atento, ese paso previo también es una forma de meditación.

Antes de iniciar la postura de meditación, conviene realizar un específico y breve calentamiento de las piernas, incluso caminar y mover las piernas en diferentes direcciones. A veces, al ver el calentamiento de algunos practicantes avanzados, he quedado grata e inspiradamente asombrado. ¡Qué precisión de movimientos para calentarse, algunos incluso dándose un breve, pero contundente masaje en las piernas!

A continuación, expongo algunas de las posturas más importantes para meditar, que también pueden ser utilizadas como una saludable y beneficiosa acción puramente somática. Siempre conviene evitar los movimientos bruscos o violentos, a los que a veces no es fácil sustraerse por el entusiasmo de avanzar, habiendo yo mismo cometido este error, sin recordar aquello tan sabio de «no se puede empujar el río».

Suhkhasana o la postura del sastre

Siéntese en el suelo con las piernas estiradas. Flexione la pierna izquierda y coloque el pie izquierdo debajo del muslo derecho. A continuación, doble la pierna derecha y sitúe el pie debajo de la pierna izquierda. Así, las piernas permanecen cruzadas y las manos se pueden situar sobre las rodillas o en el regazo una sobre la otra. Hay que tratar de mantenerse erguido y estable. Es una postura al alcance de casi todo el mundo.

Samasana o postura

Siéntese en el suelo con las piernas estiradas. Doble la pierna derecha y coloque el talón junto a la ingle de la pierna izquierda. A continuación, doble la pierna izquierda y sitúe el pie izquierdo a lo largo de la pantorrilla de la pierna derecha. Los tobillos permanecen juntos y las rodillas deben descansar en el suelo o lo más cerca posible al mismo, manteniendo la espina dorsal erguida y colocando las manos en el regazo una sobre la otra.

Varjrasana o la postura del diamante

Sentado en el suelo, con las piernas estiradas, flexione hacia afuera la pierna derecha y sitúe el pie derecho junto a la parte externa de la nalga derecha. Después doble la pierna izquierda hacia afuera y junte el pie izquierdo al lado de la nalga izquierda por fuera. De esta forma, se sienta entre sus piernas. Se mantiene la cabeza y el tronco erguidos y las manos sobre la cara alta de los muslos o sobre las rodillas.

Virasana o la postura del héroe

Sentado en el suelo, flexione la pierna derecha hacia detrás, situando el pie derecho junto a la parte externa de la nalga derecha. A continuación, doble la pierna izquierda hacia detrás y coloque el pie izquierdo junto a la parte exterior de la nalga izquierda. Quedará sentado en el suelo entre los pies, y las manos se pueden apoyar sobre los muslos.

Sidhasana o la postura perfecta

Esta es la postura del sabio, muy ponderada tanto en el *Hatha-Yoga Pradipika* como en el *Shiva Samhita*. Para ejecutarla, siéntese en el suelo con las piernas juntas y estiradas. Desplace ligeramente la pierna derecha hacia la derecha y doble la pierna izquierda, para colocar el talón del pie entre los genitales y el ano, presionando. La planta del pie permanecerá en contacto con el muslo derecho.

Ardha-padmasana o la postura del medio loto

Sentado en el suelo, con las piernas juntas y estiradas, flexione la pierna derecha y coloque el pie derecho sobre la cara alta del muslo izquierdo. A continuación, flexione la izquierda y lleve el pie izquierdo hasta debajo de la nalga izquierda. Mantenga el tronco y la cabeza erguidos y coloque las manos en las rodillas o una sobre la otra en el regazo.

Padmasana o la postura del loto

Sentado en el suelo con las piernas estiradas, doble la pierna derecha y coloque el pie derecho sobre la cara alta del muslo izquierdo. A continuación, flexione la pierna izquierda y, cruzándola por encima de la derecha, coloque el pie izquierdo sobre la cara alta del muslo derecho. Mantenga cabeza y tronco erguidos y las manos en las rodillas o una sobre la otra en el regazo.

Savastikasana

Siéntese en el suelo con las piernas juntas y estiradas. Doble la pierna derecha y conduzca el talón derecho junto a la ingle de la pierna izquierda, permitiendo que entre en contacto la planta del pie derecho con la cara interna del muslo en su zona superior. Seguidamente, mantenga elevados los dedos del pie derecho con la mano izquierda y flexione la pierna izquierda colocando el talón junto a la ingle derecha e insertando los dedos del pie izquierdo entre la pantorrilla y el muslo derechos. Así pues, los dedos de ambos pies quedan entre el muslo y la pantorrilla de la pierna contraria, quedando las piernas en la zona inferior, perfectamente cruzadas. Las manos deben colocarse sobre las rodillas y la columna vertebral debe permanecer erguida.

Guptasana

Siéntese en el suelo con las piernas juntas y estiradas. Doble la pierna izquierda y siéntese sobre el tobillo izquierdo, que presionara el ano. A continuación, flexione la pierna derecha y, dejando el talón derecho a la altura de los genitales, permita que el pie se extienda a lo largo de la pantorrilla izquierda. La planta del pie derecho permanece hacia arriba y las manos se sitúan encima del talón del pie derecho, una sobre la otra, con las palmas hacia arriba y el tronco erguido.

Virasana

También, se puede recurrir a la denominada postura birmana, que es igual que la *sidhasana* o postura perfecta, pero la pierna en lugar de subirse sobre la otra se queda en el suelo. Es una postura que da bastante estabilidad y no resiente tanto las rodillas. Las manos, como es habitual, se colocarán en las respectivas rodillas o una sobre la otra en el regazo.

• No dudar en utilizar los cojines que sean necesarios y, por supuesto, si uno no encaja en ninguna postura por tener demasiada rigidez o una edad avanzada o algún tipo de lesión, servirse de una silla para la meditación.

• Los asanas meditativos también desencadenan efectos fisiológicos positivos, además de facilitar la concentración, la inhibición de los pensamientos y la introspección.

Entre otros:

• Facilitan el control sobre la energía de la libido.
• Dotan de elasticidad a la articulación de los tobillos y de las caderas.
• Tonifican el hueso sacro.
• Son muy útiles para la práctica del *pranayama*.
• Abastecen de sangre la región pélvica.
• Unifica *prana* (fuerza vital) con *manas* (mente).
• Desde un enfoque puramente energético, ayudan a activar

la energía espiritual o kundalini y a abrir los nudos que hay a lo largo del canal *chitrini*, por donde la kundalini debe desplegarse. Concilian los elementos vitales y armonizan los flujos pránicos.

Instrucciones generales

En la medida de lo posible, tronco y cabeza deben permanecer erguidos, pero evitando la tensión en los hombros, la espalda o los músculos del rostro.

Es aconsejable efectuar una respiración pausada y uniforme, a ser posible por la nariz.

Los párpados deben estar entornados o semientornados, sin tensión.

No forzar nunca la posición de sentado para no lesionar las rodillas y otras partes de las extremidades inferiores. De ser necesario, en la sesión de meditación, se estira una o las dos piernas y se puede cambiar de posición.

Evitar incorporarse de golpe y rápidamente.

3. La revalorización del cuerpo

A lo largo de la historia espiritual de la humanidad, ha habido distintas maneras de considerar el cuerpo. En los movimientos ascéticos muy rigurosos, se ha considerado el cuerpo casi como un enemigo que vencer y doblegar o como una especie de cárcel que hay que mantener bajo el más estricto control, ya que uno no puede escapar de ella. Por otra parte, algunas corrientes han abusado de ese sometimiento del cuerpo, a veces rayano en lo cruel. Hay un pasaje muy interesante al respecto en la vida de Buda, pues en aquel entonces abundaban los renunciantes y penitentes que sometían el cuerpo a una dolorosa disciplina. Un discípulo de Buda, comprobando que no avanzaba espiritualmente todo lo que deseaba, comenzó a caminar con los pies descalzos sobre guijarros. Cierto día, Buda vio sangre en los guijarros y quiso saber de quién era, haciéndole llamar. Se trataba del que había sido un célebre músico de laúd en la corte. Buda le dijo:

–Tengo entendido que eras un destacado músico de laúd antes de ingresar en mi orden de monjes y quiero hacerte algunas preguntas. Si tensabas demasiado las cuerdas de tu instrumento, ¿sonaba bien?

–No, señor, además existía el riesgo de que se rompieran –repuso el músico.

–¿Y si las dejabas demasiado sueltas?

–Tampoco sonaba bien, pero además corrían el riesgo de engancharse.

–Si no las tensabas demasiado, ni las dejabas sueltas, ¿sonaba bien?

–Sí, señor, así es como había que hacerlo, ya que entonces el laúd sonaba perfectamente. Ni demasiado tensar ni demasiado soltar.

–Pues de esa manera hay que aplicar el esfuerzo –dijo Buda–. Con equilibrio, con ecuanimidad.

Este símil es perfecto para aplicar esa actitud en la ejecución de las posturas de yoga.

Ha habido movimientos espirituales muy rígidos y disciplinados con el cuerpo, pero otros han sido muy condescendientes, sabiendo que de nada sirve maltratarlo o someterlo a rígidas disciplinas, pero que tampoco debe uno dejarse condicionar, pues hay que mantener un sano autodominio al respecto. Después de años de rigurosa austeridad, Buda optó por el camino del medio, también con respecto al cuerpo, evitando los extremos: no ser excesivamente estricto, ni demasiado laxo o permisivo.

En el yoga, siempre se ha considerado al cuerpo como una envoltura o vestimenta que merece ser cuidada, puesto que es el vehículo en este plano existencial. El cuerpo nos da bastantes problemas aun cuidándolo, puesto que está en su naturaleza surgir, envejecer, enfermar y morir en este plano existencial. La decadencia del cuerpo es inevitable e inexorable, pero mientras vivimos es necesario e insoslayable y puede ayudar o entorpecer, según se encuentre y según su grado de energía o vitalidad. Tanto el cuerpo como la mente cuentan, y lo que le sucede a uno repercute en la otra, y viceversa.

El yogui no es un asceta y solo algunos yoguis se vuelven renunciantes (*sannyasins*). Hay que saber que es más fácil estar en el proceso de la autoindagación y la transformación con un cuerpo fuerte que con uno debilitado o enfermo.

A partir de la revalorización del cuerpo, allá por el medioevo indio, las corrientes yóguicas que comenzaron a apreciarse más fueron las que podemos identificar como fuentes de vitalidad: alimentación sana y pura, sueño reparador, correcta respiración, actitudes mentales constructivas, sexualidad equilibrada (si no se es abstinente sexual), práctica regular de la meditación y conexión con la naturaleza, además de compasión por todos los seres vivientes. En los tratados de Hatha-Yoga se ofrecen una gran cantidad de instrucciones al respecto, además de las referidas a la alimentación, algunas incluso señalan los ejercicios de *pranayama* ideales para el verano y los mejores para los meses fríos.

Mucho antes de que se hiciera célebre en Occidente la afirmación «mente sana en cuerpo sano», ya el yoga, que ha sido un precursor de la ciencia psicosomática, además de la psicología en el mundo, sabía bien de la estrecha interconexión entre el cuerpo y la mente, así como de la mente y el cuerpo, no por mera creencia o conjetura, sino por experiencia y verificación personales.

En ese gran río de sabiduría y métodos prácticos de mejoramiento y transformación que es el yoga, se han ido asumiendo e incorporando, es decir se le ha dado la bienvenida, a todas las enseñanzas y métodos que cooperan en la evolución consciente, como la filosofía, la metafísica, la medicina natural y, sobre todo, una muy definida psicofisiología, junto con otras técnicas de realización personal. Aunque los occidentales y los habitantes de la India hayan hecho lo que han querido con el yoga, hasta el punto de desdibujarlo y falsearlo, eso no cambia los hechos del yoga como un eje espiritual de Oriente y como el sistema, en palabras de William James, de desarrollo más venerable de Asia.

Se considera que el origen del Hatha-Yoga como tal y por supuesto la revalorización de la corporeidad para ponerla al servicio de la autorrealización se encuentra en el denominado movimiento Natha o Kanpatha, surgido alrededor del siglo x, que, aunque debilitado continúa existiendo en la India. Por lo que se ha podido indagar, en su época contó con un gran número de seguidores en innumerables templos o *ashrams* en diferentes partes del país, vitalizado y guiado por dos grandes yoguis y maestros, Matyendra y Gorakhnath, considerados grandes alquimistas de la mente y del espíritu, que llegaron a tener un gran número de discípulos y seguidores y cuya fama se expandió por muchos rincones de la India e incluso de Nepal. En parte de sus valiosas y esotéricas enseñanzas, me apoyé para escribir mi novela iniciática: *El faquir*. Estos yoguis-alquimistas, realmente faquires de muy larga tradición, eran capaces de dominar y regular muchas funciones de su cuerpo, pues tenían una mente muy entrenada. Al movimiento Natha se debe el breve, pero enjundioso tratado titulado *Goraksa-Shataka*, que, junto con el *Hatha-Yoga Pradipika*, el *Gheranda Samhita* y el *Shiva Samhita*, describen sin demasiada precisión un gran número de asanas, técnicas de *pranayama*, mudras y *bandhas*, a menudo sin evitar la insistencia en lo milagrero e hiperbólico, en alguna medida casi rayano en lo supersticioso. Sin embargo, son valiosos conocimientos e instrucciones para ir asentando principios fundamentales del Hatha-Yoga, hasta convertirse en acreditados manuales que se supone siempre eran sus técnicas explicadas por los maestros y que invitaban a una práctica consistente e insoslayable. Solo con la práctica uno logra entender muchas de las instrucciones difusas que se nos brindan en esos tratados, donde los asanas también son considerados terapéuticos.

En unos y otros tratados hatha-yóguicos, se hace referencia a un número distinto de asanas, pero de lo que no hay la menor duda es que no son escritos teóricos, sino que tratan de invitar a la práctica, seguramente en esa época bajo la vigilancia estrecha del gurú. Esos textos indagan también en la mente y en estados superiores de consciencia, como el *samadhi*. Nos aclaran que el Hatha-Yoga es un medio o una escalera para llegar al Raja-Yoga, algo que no interesa ni domina la gran mayoría de los practicantes del yoga-ejercicio o el ejercicio-yoga. Hasta tal punto se destaca que el Hatha-Yoga debe conducir al Raja-Yoga, que, para muchos de mis mentores de yoga, ambos eran inseparables y consideraban que el primero adquiere toda su identidad si lleva al Raja-Yoga y que un raja-yogui estará mucho más preparado para la meditación si se sirve de las técnicas del Hatha-Yoga. Ciertamente, es una muy buena combinación la práctica de ambos, apoyada por una ética genuina con el soporte de otras modalidades yóguicas como el Jñana-Yoga y el Karma-Yoga. En mi juventud, vuelvo a ella a pesar de que ya es muy remota, los pocos practicantes de yoga se interesaban por las diferentes modalidades yóguicas y las distintas técnicas teniendo los asanas como una más, pero no la única, como terminaría pasando después en muchas escuelas del mundo. Por eso, cuando hoy en día se habla de millones de practicantes de yoga, se incurre en un descarado eufemismo, puesto que habría que precisar que se trata de millones de praticantes de asanas, pero no de yoga.

Tanto el cuerpo, como la mente, son herramientas que utiliza el yogui para transformarse y realizarse. Si fuéramos ángeles o espíritus, no tendríamos cuerpo y, entonces, no habría asanas ni *pranayamas* ni otras técnicas psicosomáticas, pero dado que estamos inmersos en una corporeidad, podemos servirnos de ella para conocernos, mejorarnos y realizarnos.

El ser humano es en el yoga un microcosmos que forma parte del macrocosmos. Hay que conocer las leyes de uno y otro, para ponerlas a disposición del avance espiritual que hace posible pasar de lo más burdo a lo más sutil e incluso transustancializar el cuerpo, que deja de ser una atadura para tener alas de libertad.

4. Asanas culturales

La obsesión por los asanas, lo único que ha hecho es degradarlos y que la mayoría de los practicantes no aprecien realmente su gran valor. De este modo, el asana se ha convertido, en muchas escuelas, en ejercicio físico o calistenia, una especie de gimnasia, casi una acrobacia exótica, que muchos utilizan para fortalecer la musculatura, obtener una llamativa y obsesiva elasticidad, endurecer los glúteos, adelgazar o conseguir una silueta esbelta. Todo eso está bien, si no se lo considera yoga. Dicho de otra forma, lo que he preguntado muchas veces: ¿por qué llaman yoga a lo que no es yoga y luego no llaman yoga a lo que es yoga?, ya que surgen los listos que venden como su propio invento diversas técnicas propias del yoga de hace siglos. El yoga solo postural no es yoga, sino unos ejercicios basados en asanas, que son mejor que nada, estoy de acuerdo, pero están muy lejos de los verdaderos y de espaldas a una auténtica enseñanza yóguica. En esta época hay demasiados intereses para que esto se acepte, pues manda lo mercantilista, aunque creo que cada día habrá más personas de claro discernimiento que se percatarán y no dudarán en dar a conocer con honestidad su recta opinión. De hecho, este fenómeno ya viene sucediendo y los más grandes especialistas en yoga alzan su contundente voz contra el fenómeno del yoga moderno, de la misma forma en que lo harían los auténticos ajedrecistas si existiera la falsa creencia de que el juego de damas es el del ajedrez. Pese a lo que se diga, no hay yoga psicofísico sin las otras técnicas, que deben complementar los asanas, además de una ética genuina y un entendimiento correcto.

El asana es un fragmento del Hatha-Yoga y de otras modernas modalidades yóguicas, pero no solo eso. Hay algunas actuales modalidades de yoga físico que se conforman con eso, pero desde luego no es el Hatha-Yoga, en el que encontramos otras valiosas técnicas además de los asanas. La obsesión ha llegado a tal punto que se ha convertido en una especie de gimnasia sueca o danesa, o sea en un ejercicio tipo calistenia, donde muchos aspiran a ser, dicho en tono jocoso, los más elásticos del cementerio, y otros, verdaderos contorsionistas que no modifican en nada su mente ni transforman su psique, que es la condición esencial del verdadero yoga. Esta obsesión lleva a que cada día se inventen nuevos asanas y a que algunos autores les pongan su nombre para inmortalizarse. De esta forma tan elemental, se publican obras que incluyen seiscientos asanas, y otras, mil, hasta alguna incluso contenía dos mil. ¿Para qué y por qué? Pues por aquello muy occidental y ahora también oriental de «más de lo mismo», aun cuando una treintena de asanas o incluso menos son más que suficientes y no son ni siquiera necesarias cientos de posiciones corporales, que no sirven para cumplir los fines del yoga.

Hay tal cantidad de asanas que se necesitarían varias vidas para poder practicarlos a todos. Otra pregunta que lanzo al aire: ¿no es mejor practicar muchos menos asanas y atender mejor sus requisitos físicos, psicosomáticos y mentales? Tal acopio resta eficacia a la práctica, y solo un compulsivo coleccionista podría aspirar a practicarlos todos. Sin embargo, es muy diferente la práctica bajo una adecuada atención, haciendo del asana una preciosa herramienta para la evolución consciente. En el otro lado de los mentores que animan al asana agitado, como ejercicio en lugar del yoga, está ese que invertía en la ejecución de un asana como la pinza diez minutos de tiempo para no hacerlo de modo automático, o aquel otro –y yo tuve varios de esos preceptores– que nunca nos enseñó más de una decena de asanas, a fin de que pudiéramos especializarnos en ellos y convertir nuestro cuerpo en un soporte de atención, introspección y aquietamiento.

Hagamos un poco de historia sobre el asana en estos últimos cincuenta años, ya que llevo sesenta años impartiendo clases de Hatha-Yoga, habiendo comenzado con la práctica a los dieciséis años y contando ahora con ochenta y uno. Esto no quiere decir que, como profesor de yoga y para enfrentarme a mi cuerpo, que era débil, torpe y un poco lisiado en la adolescencia, no haya pasado por la ejecución de los asanas más complejos e incluso raros, como muestran las fotografías que aparecen en mi obra *El yoga y sus secretos*, que demoré tres años en redactar. Pero eran otros tiempos y he terminado por comprender que, como decía Ramana Maharshi, el mejor asana es la estabilidad mental, y yo añadiría la compasión.

Cuando comencé con la práctica del Hatha-Yoga había tres tipos de practicantes:

1) Los que tenían la motivación genuina de evolucionar conscientemente, mejorar no solo en lo físico, sino también mental y espiritualmente.

2) Los que ansiaban conocerse y transformarse, pero se dejaban influenciar por la publicidad de esta técnica exótica, que se presentaba casi como una panacea, prometiendo longevidad, salud irreductible e incluso gran energía sexual.

3) Los que deseaban superar el estrés, el insomnio o algún trastorno somático como gastritis o escoliosis y otros síntomas de menor importancia.

Asimismo, no faltaban los libros poco serios, que prometían proezas a través del yoga, poderes psíquicos y un espectacular control físico. La mayoría incluían asanas, algunos principios yóguicos simplificados y, a veces, un poco de metafísica hindú. Casi todos eran de yoga físico, sobre todos los asanas y ciertas técnicas de control respiratorio y de relajación. Como era una época de una constante censura, si aparecían asanas, los censores no se alarmaban, pero no dejaban pasar la más leve insinuación mística, ya que la consideraban extemporánea e incluso anticristiana. En resumen, el yoga se centraba en la ejecución de las posturas, algunos ejercicios básicos de respiración y el *savasana*. Había pocos practicantes, pero mucha más seriedad y una genuina motivación, con mayor profundidad que ahora con una multitud. Los que se inclinaban por la senda del yoga, a pesar de las dificultades de una mínima información, lo hacían con un verdadero interés y una sólida motivación.

Esta disciplina no era solo ejercicio, lo sabían bien y no buscaban gimnasia, sino yoga. En la actualidad, el yoga físico se ha convertido en ejercicio y muchos lo practican creyendo que es Hatha-Yoga lo que no lo es. No me puedo resistir a contar la significativa anécdota de un honesto profesor de asanas que, cuando escuchó pacientemente mis argumentos, confesó: «Pues resulta que ahora descubro que lo que he impartido eran ejercicios inspirados en asanas, pero no yoga».

El asana bien entendido, si se busca su alcance y aplicación integral, es de gran ayuda no solo psicosomática, sino también psicomental y aun energética, hasta me atrevería a decir que incluso espiritual. En un sentido, puede cooperar aquietando el espíritu y predisponiéndolo para estimular cualidades muy apreciables, como la paciencia, la resistencia pasiva, la voluntad consistente, así como la sensación de ser y de poder interior. No exagero si afirmo que el asana se convierte en una herramienta importante de evolución, puesto que somos un cuerpo y es muy útil y deseable servirse de la corporeidad en la evolución de la consciencia, que es una senda larga en la que hay que dar la bienvenida a todo método que nos pueda ayudar a recorrerla. En el Hatha-Yoga, el asana es importante, pero no está disociado de otras técnicas.

En el *Gheranda Samhita*, ya se nos indica que hay miles y miles de posturas, tantas como criaturas vivas en el universo, pero esta obra eminentemente tántrica, como lo son el *Hatha-Yoga Pradipika* y el *Shiva Samhita*, se centra en treinta y dos asanas.

Los asanas han sido designados a menudo con nombres de héroes, sabios, plantas, magos, animales, convirtiéndose así también en un sentimiento de unión con el cosmos; es decir, con el universo.

Cuando comencé en la adolescencia a practicar asanas, hice descubrimientos llamativos e insospechados, pues si uno está atento, experimenta su cuerpo de manera directa y más allá de ideaciones. Se ponen en evidencia los focos de tensión, las contracturas y los agarrotamientos, las tensiones, el estiramiento de la piel, las molestias en las zonas más rígidas, el placer de desperezarse y desbloquearse, las molestias, en síntesis, una confrontación con el propio cuerpo que ayuda a desarrollar ecuanimidad. Paso a paso, porque el proceso requiere su tiempo, uno se va adaptando a la postura, trabajándose en ella de dentro afuera y de fuera hacia el interior. Uno aprende con habilidad a relajarse aun en la tensión y a estirar con sagacidad justo lo necesario, encontrando el punto exacto al que llegar. Es una especie de ingeniería corporal que tiene que ir forzosamente acompañada de la mente para lograr la conciliación o armonización que pretende el asana entre el cuerpo y la mente.

El asana es un trabajo consciente sobre el cuerpo, pues sin

consciencia no hay yoga. El ejercicio es solo físico, pero el yoga físico es mucho más. Con la práctica regular, llega un momento en que el cuerpo en asana nos ayuda a estar en el instante presente y a hacer introspección. En este punto, debo extenderme un poco sobre los innegables beneficios de la postura mantenida o inmóvil, lo que no quiere decir que la postura en movimiento, como ejercicio más gimnástico que hatha-yóguico, no tenga algunos beneficios, pero son más de orden físico que psicosomático o psicoespiritual. También tienen sus beneficios las distintas formas de gimnasia, la calistenia, la gimnasia con aparatos o el suelo libre.

A mis dieciséis años, los asanas y casi todos los libros al respecto, seguían el patrón de la inmovilidad. El asana constaba de tres fases: hacer, mantener y deshacer. Así lo aprendí de mi preceptor indio en Madrid, de la gran cantidad de libros que adquiría y de las clases que recibí al viajar, por casi toda la India, donde solo en algunos lugares muy concretos del sur del país se impartían sesiones de yoga gimnástico impregnadas de culturismo o de nociones de gimnasia sueca o de otros países de Europa. Para desgracia del auténtico yoga, se dio esa –me atrevería a decir que fatídica– confluencia del culturismo, la gimnasia, el contorsionismo y los asanas del yoga, que fue el origen de un híbrido que uno no sabe cómo denominar, aunque Krishnamurti lo hace, con un sentido muy peyorativo y cáustico, denominándolo «simple ejercicio».

El asana se elevó por un lado a una herramienta muy digna y eficiente de autoconocimiento y evolución consciente, pero

también se degradó a un simple ejercicio de acrobacia exótica.
Esa fatídica simbiosis la viví de primera mano en 1973, cuando
viajé a la India con mi madre, mi hermano Miguel Ángel y
las profesoras de yoga Almudena Haurie y Nieves Corral. En
Benarés, ya me percaté de ello con ingrata sorpresa, pero en
Calcuta fue mucho más llamativo y penoso. En mi búsqueda
de mentores, siempre aprovechaba para visitar a todo aquel
del que tenía noticias y las tuve de un maestro que era tenido
por uno de los más grandes hatha-yoguis de toda Bengala. Le
visité y comprobé que había sido Míster India y que era el típi-
co culturista que trabaja sobre el cuerpo sin otra intención que
muscularlo y ganar premios. Nos recibió en su casa, jactándose
de sus conocimientos yóguicos, que, por cierto, eran nulos, y
creándonos una razonable indignación. Era justo el prototipo
de lo que nunca debe ser un preceptor de yoga. En esa época
muchos culturistas se hicieron mentores de yoga y se creó una
notable confusión con respecto a los asanas, incorporándose
muchos que nada tenían de yóguicos o series que jamás habían
sido ni lejanamente apoyadas por los grandes textos clásicos
del Hatha-Yoga. Como contrapartida, conocí a personas muy
serias, como Yogendra y su familia (que ya habían abandonado
su obsesión por hacer ciencia con el yoga), al doctor Varandani y el *swami* Ananda, los médicos y expertos del Instituto de
Kaivalyadhama, los investigadores de yoga de la Universidad
de Benarés y de otras muchas, aunque tampoco faltaron los
embaucadores o los que se las daban de grandes yoguis y no
eran más que falsarios o mercenarios del espíritu.

En una sesión de asanas, lo esencial es seleccionar los más adecuados y aplicarlos atendiendo a todos sus requisitos. Las combinaciones son muy numerosas y una sesión puede constar de las siguientes fases:

- Ejercicios dinámicos de calentamiento.
- Sesión de asanas. En el auténtico Hatha-Yoga siempre utilizamos un tiempo de detención, que puede ser de unos segundos a dos o tres minutos, incluso más. Se pueden secuenciar con las más variadas combinaciones, pero con un tiempo de detención cada vez que se ejecuta un asana, aunque se encadene con otros.
- Realizar una sesión de técnicas de *pranayama*, ya sea un ejercicio o varios.
- Aplicar el *savasana* o relajación consciente durante unos minutos o hacer un ejercicio de meditación.

La sesión puede durar entre una hora (o menos) y hora y cuarto, dependiendo del tiempo de que se disponga, aunque también puede hacerse una sesión de media hora si no se dispone de más tiempo. También se puede optar por utilizar los mismos asanas como método de calentamiento y no incluir los ejercicios dinámicos, pero en ese caso durante los primeros minutos hay que proceder con mucha cautela hasta que el cuerpo esté caliente. Asimismo, una actividad deportiva puede servir de calentamiento para la posterior ejecución de los asanas.

5. Los asanas básicos

Posturas de flexión de la espina dorsal hacia delante

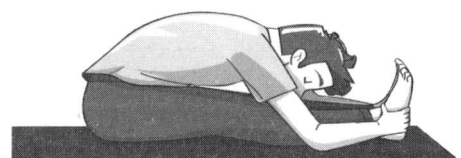

• La postura de la pinza
Sentado en el suelo con las piernas juntas y estiradas, incline lentamente el tronco hacia delante, hasta donde le resulte posible, situando las manos en los tobillos o en las plantas de los pies y la cara tan cerca como pueda de las rodillas. Aproxime los antebrazos tanto como le resulte posible al suelo, a ambos lados de las piernas.

Mantenga la posición durante un minuto o más y realícela dos o tres veces, con la mente concentrada en la espina dorsal, en esta postura o en la respiración. Se puede prolongar el tiempo en la postura hasta dos o tres minutos. Es una posición idónea para interiorizarse y frenar la mecánica dinámica de la mente. De ser posible, es mejor no doblar las rodillas, aunque el tronco se aproxime menos a las piernas, y así evitar curvar en exceso la espina dorsal, pues lo ideal es que el pecho quede en paralelo con las piernas.

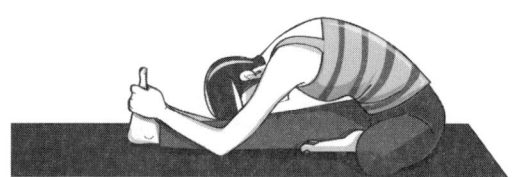

• La postura de extensión sobre una pierna
Siéntese en el suelo con las piernas juntas y estiradas. Flexione la pierna izquierda y fije la planta del pie en la cara interna del muslo derecho, con el talón del pie cerca de la ingle. A continuación, incline el tronco hacia delante y aproxímelo tanto como pueda a la pierna estirada, acercando el rostro a la misma. A continuación, sitúe las manos en el tobillo o en la planta del pie y aproxime los antebrazos al suelo.

Tras mantener la posición un minuto, ejecútela sobre la otra pierna. Puede hacerse la postura dos veces por cada lado.

Evite arquear el tronco, aunque haga menos la posición. Regule la respiración y mantenga la mente concentrada en el esquema corporal o en la espina dorsal. También en toda la postura, se puede estar atento a las sensaciones que se producen en el cuerpo; entre otras, pueden ser estiramientos y masajes.

• La postura de la pinza de pie

De pie, las piernas juntas y estiradas, incline lentamente el tronco hacia delante y acérquelo, tanto como pueda a las piernas y la cara a las rodillas. Coloque las manos en los tobillos o agarre con ambas manos los dedos gruesos de ambos pies.

Sostenga la posición un minuto y efectúela dos o tres veces.

• La postura del triángulo invertido

De pie, separe considerablemente las piernas, pero sin exceso y coloque los brazos en cruz. Mueva un poco el pie derecho hacia la derecha, manteniendo las piernas estiradas y coloque los brazos en cruz. Lentamente, incline el tronco hacia la pierna derecha y aproxímelo tanto como pueda, junto con la cara, a la misma. Los brazos permanecen como ilustramos en el dibujo correspondiente. Después haga la postura por el otro lado.

La posición se mantiene cuarenta segundos y se hace dos veces por cada lado.

Beneficios de los asanas de flexión hacia delante

- Dotan de flexibilidad a la espina dorsal.
- Ejercen un beneficioso masaje sobre los órganos abdominales.
- Favorecen la evacuación y previenen el estreñimiento.
- Eliminan las contracturas y crispaciones de la espalda.
- Dotan de elasticidad a los músculos posteriores de las piernas y al tendón de las rodillas.
- Inducen la relajación profunda.
- Favorecen la introspección.

Posturas de extensión de la espina dorsal hacia atrás

• **La postura de la cobra**
Extendido en el suelo boca abajo y con los brazos a ambos lados del cuerpo. Eleve el tronco en el aire hacia atrás, tanto como le sea posible para después colocar las palmas de las

manos en el suelo a la altura aproximada de los hombros y echando el tronco y la cabeza más hacia atrás con la ayuda de los brazos, que quedan flexionados. El abdomen queda en el suelo y el estómago en el aire, con la cabeza bien atrás y las piernas juntas.

Se mantiene la posición un minuto y se ejecuta tres veces, con la concentración a lo largo de la espina dorsal.

• **La postura del arco**

Boca abajo en el suelo, es decir, en la posición de decúbito prono, doble la pierna derecha y agarre con la mano derecha el tobillo derecho. A continuación, flexione la pierna izquierda y agarre el tobillo izquierdo con la mano izquierda. Con los brazos bien estirados, arqueé el tronco tanto como pueda, empujando las piernas hacia atrás y hacia arriba, y trasladando el peso del cuerpo hacia el abdomen. Las piernas pueden quedar ligeramente separadas o juntas.

Se mantiene la posición cuarenta segundos y se puede hacer tres veces, poniendo la concentración en la región lumbar.

• La postura del camello

De rodillas, las piernas juntas o ligeramente separadas, sitúe las manos en las caderas y después, con cuidado y lentitud, vaya arqueando el tronco hacia atrás, hasta donde pueda para, a continuación, soltar los brazos y apoyar las manos en los talones. La cabeza queda echada hacia atrás.

Se mantiene la posición de treinta a cuarenta segundos y se ejecuta dos veces.

• La postura de la media rueda

De pie, con las piernas separadas, sin que sea en exceso, eleve los brazos por encima de la cabeza y entrelace las manos. Lentamente, vaya inclinando el tronco hacia atrás hasta donde le sea posible, flexionando un poco las piernas y con la cabeza suelta, entre los brazos.

Se mantiene la posición durante unos cuarenta segundos, con la mente concentrada en la postura misma o en la base de la espina dorsal. Se ejecuta la postura dos o tres veces.

Beneficios de las posturas de extensión hacia atrás

- Favorecen el funcionamiento de los riñones y de las glándulas suprarrenales.
- Dotan de flexibilidad a la espina dorsal hacia atrás.
- Estiran y revitalizan todos los músculos anteriores del cuerpo.
- Tonifican los músculos de la caja torácica.
- Perfeccionan el sistema circulatorio.
- Favorecen la rotación de los hombros.
- Previenen contra la psicastenia.

Posturas de torsión

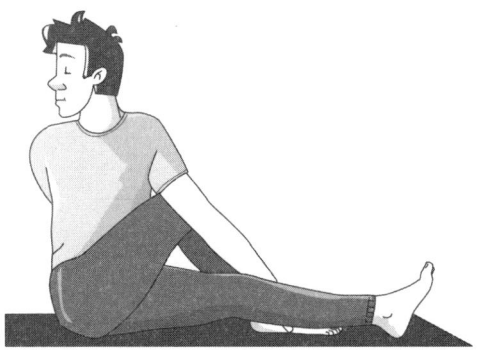

• La postura de la torsión
Siéntese en el suelo con las piernas juntas y estiradas. Flexione la pierna derecha y, pasándola por encima de la pierna izquierda,

coloque la planta del pie derecho junto a la cara externa del muslo izquierdo, tan arriba como pueda y con el pie paralelo al muslo, en tanto que el muslo de la pierna derecha permanece junto al estómago. Seguidamente, gire el tronco hacia la derecha y pase el brazo izquierdo por encima de la misma, atrapándola. Con la mano izquierda coja la pierna estirada y, tal como se ilustra en el dibujo, sitúe la palma de la otra mano en el suelo, detrás del cuerpo. Para evitar equivocaciones, cerciórese de que el brazo que pasa por encima de la pierna es el contrario a la misma.

Mantenga la postura un minuto por cada lado y ejecútela dos veces.

• **La media postura de** *Matsyendra*
Siéntese en el suelo con las piernas juntas y estiradas. Flexione la pierna izquierda y coloque el talón del pie en la raíz del

muslo derecho por su cara exterior. Doble la pierna derecha y coloque la planta del pie en el suelo, junto a la cara exterior del muslo izquierdo y cerca de la rodilla. Gire el tronco hacia el lado derecho tanto como pueda y, pasando el brazo izquierdo por encima de la pierna derecha, sitúe la mano en la rodilla izquierda o en el tobillo derecho. Envuelva su propio cuerpo por la espalda con el brazo derecho y dirija la cara hacia el hombro derecho. El brazo que pasa por encima de la pierna es siempre el contrario a la misma.

Mantenga la posición un minuto por cada lado y hágala dos veces.

• La postura de *Marici*

Siéntese en el suelo con las piernas juntas y estiradas. Flexione la pierna derecha y acerque el muslo al cuerpo, con la planta del pie firmemente apoyada en el suelo, junto a la cara interna del muslo izquierdo. Cruce el brazo izquierdo por encima de la pierna derecha de forma que la rodilla quede debajo de la axila. Gire el tronco y la cabeza tanto como pueda hacia la derecha y entrelace las manos en la espalda. Repetir el mismo ejercicio hacia el otro lado.

Beneficios de las posturas de torsión

- Estimulan la espina dorsal y todos los pares de nervios espinales.
- Previenen o ayudan a combatir la escoliosis.
- Mejoran la flexibilidad en la articulación de la cadera.
- Mantienen en buen estado la columna vertebral.
- Dotan de elasticidad a los músculos del cuello.
- Ejercen un profundo masaje sobre todas las vísceras abdominales.
- Favorecen la función renal.
- Perfeccionan el sistema circulatorio.
- Liberan el tronco de crispaciones y contracturas, induciendo a la relajación profunda.
- Armonizan el aparato locomotor.

Posturas de flexión lateral

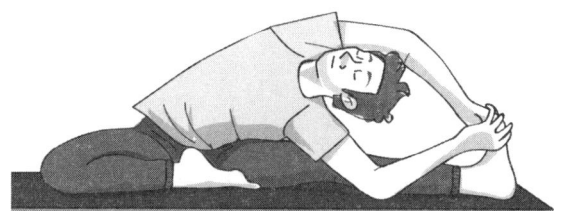

• La postura del costado sobre la pierna

Siéntese en el suelo con las piernas juntas y estiradas. Separe las piernas tanto como pueda y eleve los brazos en el aire, por encima de la cabeza. Incline el tronco, en lateral, tanto como le sea posible hacia la pierna derecha y agarre, si puede, el pie con ambas manos o llévelas lo más cerca que pueda del mismo. El brazo izquierdo queda por encima de la cabeza, la cara entre los brazos y las piernas estiradas. Tras mantener la postura durante un minuto, se ejecuta sobre la otra pierna.

Otra forma de hacer la postura es flexionando una de las piernas y colocando el talón del pie junto a la zona genital, como ilustramos en el dibujo correspondiente, evitando forzar la articulación de la rodilla.

Se mantiene el asana un minuto por cada lado y se hace dos veces.

• La postura del triángulo

Póngase de pie con las piernas juntas y estiradas y los brazos a ambos lados del cuerpo. Separe considerablemente las piernas, manteniéndolas rectas, y coloque los brazos en cruz. Incline tanto como pueda en lateral el tronco hacia la derecha y, cuando ya no pueda más, vaya desplazándolo lo imprescindible para llegar con la mano al tobillo o pie derechos, con la cara girada hacia arriba. Tras mantener la postura durante un minuto, ejecútela por el otro lado. Se realiza dos veces, evitando doblar las piernas.

• La postura de la luna

De pie, se separan las piernas y se echa el tronco hacia el lado derecho tanto como sea posible. El brazo izquierdo queda por encima de la cabeza, en tanto que el derecho permanece al lado del cuerpo. Después se hace la postura por el otro lado.

La posición se mantiene de cincuenta a sesenta segundos y se ejecuta una vez por cada lado.

• La postura de la media luna

De pie, separe las piernas medio metro o más, manteniéndolas rectas y eleve los brazos por encima de la cabeza para entrelazar las manos. Incline el tronco tanto como le sea posible a la derecha, mantenga la postura el tiempo que se indica a continuación y después efectúela por el otro lado.

Se mantiene la postura cuarenta y cinco segundos y se ejecuta dos veces por cada lado.

Beneficios de las posturas de flexión lateral

- Dotan de flexibilidad a la espina dorsal hacia los lados.
- Ejercen un beneficioso masaje sobre los órganos intercostales.
- Fortalecen la columna vertebral y tonifican los músculos dorsales, pectorales, trapecio y deltoides.
- Estimulan y fortalecen todo el aparato locomotor.
- Mejoran el riego sanguíneo en general.
- Fortalecen las extremidades inferiores.
- Facilitan la evacuación.
- Favorecen la relajación profunda.

Posturas de acción abdominal

• La media postura del saltamontes

En el suelo, boca abajo, con la barbilla apoyada en la esterilla y los brazos extendidos a ambos lados del tronco, coloque las palmas de las manos hacia abajo. Eleve una pierna en el aire, tanto como pueda, pero ladeando un poco la cadera. Tras mantenerla, haga la posición por el otro lado.

Se realiza la postura durante treinta o cuarenta segundos por cada lado y se hace dos veces.

• La postura del saltamontes

Boca abajo en el suelo, con la barbilla apoyada en la esterilla, se introducen los antebrazos debajo de los muslos, con las palmas de las manos hacia abajo. Presionando los brazos contra el suelo, se elevan las piernas, juntas, tanto como se pueda en el aire, con lo que el abdomen y el estómago se despegan del suelo.

La posición se mantiene durante treinta o cuarenta segundos y se ejecuta tres veces.

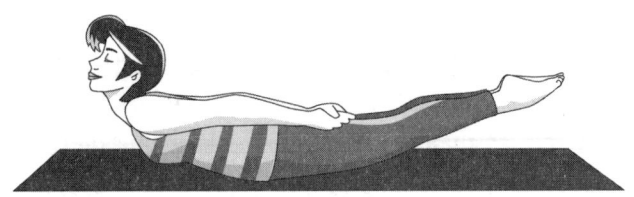

• La media postura del arco

Extendido en el suelo, boca abajo. Agarre las manos en la espalda y a continuación arquee el cuerpo tanto como pueda, elevando las piernas (rectas o semirrectas) y manteniendo el pecho en el aire, depositando todo el peso del cuerpo sobre el estómago. La cabeza se echa hacia atrás.

• La postura del nervio *vajroli*

Siéntese en el suelo, incline el tronco hacia atrás y apoye los antebrazos en el suelo. Eleve las piernas juntas y estiradas a media altura.

Se mantiene la posición treinta o cuarenta segundos y se hace tres veces.

Otra modalidad de la postura consiste en elevar el tronco y alargar los brazos junto a las piernas, formando así una uve con el cuerpo.

Beneficios de las posturas de acción
sobre el abdomen

- Fortalecen los músculos abdominales, pectorales y dorsales, brazos y hombros, trapecio y deltoides.
- Estimulan la zona lumbar y benefician la actividad renal.
- Activan la acción cardíaca.
- Previenen contra la incontinencia urinaria y facilitan la evacuación, combatiendo la indigestión y el estreñimiento.

Posturas de acción sobre todo el cuerpo

• La postura de la media cobra

De rodillas, eleve la pierna derecha, desplace el pie apoyando la planta firmemente sobre el suelo y formando un ángulo recto entre la pierna y el muslo. Con el tronco y la cabeza erguidos, flexione la pierna derecha y estire la pierna izquierda, como se indica en el dibujo correspondiente. Los brazos quedan perpendiculares al suelo. Mantenga la posición el tiempo indicado a contiuación y hágala por el otro lado.

La postura se mantiene un minuto por cada lado y se hace dos veces.

• La postura del perro

Colóquese de rodillas en el suelo. Apoye firmemente las palmas de las manos en el suelo con los brazos estirados. Eleve el tronco, recto, en el aire, sirviéndose de manos, brazos, pies y piernas. Mantenga estiradas y ligeramente abiertas las piernas y si puede las plantas de los pies fijas en el suelo. La cabeza permanece entre los brazos.

Mantenga la posición de uno a tres minutos y hágala dos veces.

• La postura del poste

De pie, tronco erguido y cara mirando al frente. Eleve los brazos estirados en el aire por encima de la cabeza y junte las palmas de las manos. Adelante la pierna derecha y, apoyando firmemente la planta del pie en el suelo, flexiónela lo que pueda, sin echar el tronco hacia delante.

Se mantiene la posición un minuto y se hace dos veces por cada lado.

Beneficios de las posturas de acción
sobre todo el cuerpo

• Robustecen el organismo.

• Previenen los trastornos del aparato locomotor.

• Perfeccionan el sistema circulatorio y favorecen la acción cardíaca.

• Previenen las varices y mantienen fuertes las extremidades inferiores.

• Aumentan la capacidad de resistencia.

Posturas de inversión

• La postura de *viparita-karani*

Más que un asana es tenido por un mudra, pero, como quiera que se le denomine, es una técnica de mucho beneficio.

Extendido en el suelo, sobre la espalda y con los brazos estirados a ambos lados del cuerpo. Presionando las manos y brazos contra el suelo, vaya elevando en el aire las piernas y parte del tronco, hasta que, doblando los brazos, pueda colocar las manos en las caderas o en la región lumbar. El cuerpo queda semiarqueado y su peso permanece sobre las manos y los brazos. El mentón queda presionando la raíz del tórax o la hendidura yugular.

Con la práctica suficiente, la posición se torna muy cómoda y puede mantenerse varios minutos.

Para deshacer la postura, se llevan previamente los brazos al suelo y se vuelve con lentitud a la posición inicial. Este asana se ejecuta una vez.

• **La postura de la vela**

En el suelo sobre la espalda, con las piernas juntas y estiradas y los brazos a ambos lados del tronco, con las palmas de las manos hacia abajo. Presionando las manos y brazos contra el suelo, eleve las piernas en el aire, así como las caderas y el tronco, desplazando todo el peso del cuerpo hacia los hombros y doblando los brazos y llevando las manos a la espalda, para sujetar el tronco tan erguido como sea posible. La barbilla permanece presionando el tórax.

Se mantiene la postura uno o dos minutos y se ejecuta una sola vez

Para deshacer la posición, se invierte el proceso: se sitúan los brazos en el suelo y se descienden tronco y piernas con lentitud.

Cuando la persona ha perfeccionado a fondo la postura de la vela, puede proceder, con cautela, a realizar la del arado y la posición sobre la cabeza, pero ambas deben ser evitadas si hay lesiones cervicales o trastornos cardíacos. Debe procederse con mucha cautela y siendo vigilado por el instructor.

Beneficios de las posturas de inversión

- Regulan el funcionamiento de la glándula tiroides.
- Abastecen de sangre el cerebro y mejoran su funcionamiento.
- Previenen las varices y activan la circulación sanguínea al favorecer el descanso de las piernas.
- Previenen la sinusitis y los catarros crónicos.
- Aumentan la capacidad de memoria y concentración.
- Mejoran la capacidad de resistencia del cuerpo.

Preparación de tablas

Como ya hemos indicado, las combinaciones son muy numerosas. Una tabla puede alternar posiciones de uno y otro grupo; otra, de dos o tres grupos; otras, insistir mucho en un grupo, aun recogiendo posiciones de otros grupos. Depende también del número de posiciones que se quiera practicar por sesión. Si uno asiste a una clase impartida por un instructor, seguirá obviamente sus indicaciones, pero si uno prepara sus propias tablas, puede hacer numerosas combinaciones y poner el acento en aquellos asanas en los que está menos avanzado o en los que le reporten mayores beneficios. Hay que darle un voto de confianza a ser autodidacta, pues al fin y al cabo es uno el que se convierte en un laboratorio viviente, que tiene que someter la teoría a la práctica y la creencia a la experiencia.

Durante la ejecución de los asanas hay que aprender a escuchar el cuerpo y dejarse guiar por su sabiduría. Cuando un asana se nos resiste, lo mejor es insistir suave y gradualmente en él, con paciencia y serenidad, sabiendo que la musculatura irá cediendo y obteniendo la adecuada flexibilidad. No hay que desfallecer, ni sentirse frustrado. No se trata de ser el más flexible del cementerio y, como comentó un mentor, al final todos acabaremos en *savasana* o la postura del mismo modo, recurriendo al sano sentido del humor (también muy relajante), que por mucho que uno sea un gran hatha-yogui, todos enfermamos e incluso morimos.

Aunque respetemos el tiempo de mantenimiento en las posturas, de acuerdo con el Hatha-Yoga tradicional o clásico, como lo queramos denominar, podemos configurar series con las diferentes posiciones. Por ejemplo:

• Postura de la cobra seguida de la postura del perro, seguida de la postura de la pinza, seguida de la postura de extensión sobre la pierna, seguida de la postura de torsión, seguida de la postura de la vela.

Cuando se realiza una serie o secuencia, puede o no puede duplicarse la ejecución del asana, según uno configure la secuencia, que además puede incluir más o menos posiciones.

Lo que no debemos pasar por alto es que el secreto de las posiciones de yoga para apaciguar la mente, regular las energías, ejercer eficazmente los estiramientos y masajes (sin lesionarse), hacer introspección y convertir el Hatha-Yoga en una escalera para llegar al Raja-Yoga, debe ser el mantenimiento en las posiciones, pues paulatinamente hay que ir aumentándolo. Además, conviene complementar la sesión de asanas con *pranayama*, *savasana* y meditación, y si es posible, incluir también los *bandhas* más esenciales.

Nada tiene que ver, pero nada, el ejercicio inspirado en posiciones del yoga y que desprende sus efectos fisiológicos con el auténtico Hatha-Yoga, que trata de trabajar sobre los distintos elementos constitutivos del ser humano (*koshas*) y busca beneficios psicosomáticos, así como mentales y emocionales.

De cualquier manera, en ese formidable manual de autodesarrollo y transformación que son los *Yoga Sutras*, solo se presta atención a las posiciones como herramienta para lograr la máxima introspección y trascender la consciencia ordinaria para ganar el plano de la supraconsciencia y la gozosa experiencia de la libertad interior. Suena a broma que las corrientes del yoga gimnástico moderno hablen del Ashtanga-Yoga e incluso se diga que sus grados se observan en ese yoga gimnástico, cuando la mayoría de las veces todo parecido es pura coincidencia.

6. Instrucciones y observaciones sobre los asanas

- El asana debe ser ejecutado con lentitud, evitando movimientos bruscos y debe aplicarse esto tanto al hacer como al deshacer. No obstante, hay asanas que requieren más esfuerzo y algún movimiento menos lento y que solo se pueden ejecutar con más suavidad cuando han sido practicados lo suficiente.

- Hay que evitar el esfuerzo excesivo e ir realizando impulsos paulatinos, conscientes y bien medidos, pues lo demasiado intenso solo aumenta las posibilidades de una lesión. Hay que ir reeducando el cuerpo mediante los estiramientos que provocan los asanas, acompañados también de complementarios masajes. Son muy sabias las palabras de Vyasa cuando indica: «La postura se torna perfecta cuando desaparece el esfuerzo para realizarla, de modo que no haya más movimientos en el cuerpo». Aquí Vyasa se refería a la postura de meditación, pero su indicación es extensible a cualquier asana. Aunque hay asanas que al principio resultan incómodos, mediante la práctica paciente y asidua se van tornando más confortables y a partir de ahí es más fácil interiorizarse. El cuerpo va siendo adiestrado poco a poco como un alfarero va haciendo la vasija. Otro sabio, Vachaspati, dice: «Quien practica el asana tendrá que hacer un esfuerzo que consiste en suprimir esfuerzos corporales naturales». Por el esfuerzo se desemboca en el no-esfuerzo, o como se dice en el *Tao Te King*, «por lo suave se vence lo fuerte». Al principio, el cuerpo es rígido y esa misma rigidez hace que la posición no sea cómoda, por eso es motivo de satisfacción el ir comprobando cómo día a día se superan las rigideces y bloqueos del cuerpo y el asana se hace más cómodo y estable.

• La regularidad en la práctica es la que va logrando que el asana sea más estable y cómodo. De nada sirven los esfuerzos esporádicos ni el entusiasmo pasajero, pues lo que cuenta es la práctica asidua y en ese caso se puede tener la certeza de que ningún esfuerzo se pierde. Si se comprueba después de repetidos intentos que un asana no se aviene con uno, se puede abandonar o cambiar por otro. Por supuesto, si durante la ejecución de un asana se siente algún malestar, debe suspenderse en el acto, ya que puede molestar, pero no causar dolor ni incomodidad.

• Los asanas se encargan de ejercer acción sobre todo el organismo y sus funciones, sin que ninguna zona pase desapercibida. Por eso es conveniente combinar los de diferentes grupos, que se complementan entre sí.

• La mayoría de los asanas tienden a estabilizar la mente y muchos favorecen la interiorización, si bien para la meditación propiamente dicha lo mejor es servirse de los asanas meditativos.

• Para analizar la mente durante el asana y mantenerla atenta, existen diversas fórmulas, entre otras elegir una zona del cuerpo a la que estar atento (de acuerdo con qué postura se esté ejecutando), fijar la atención en la respiración, permanecer concentrado en la posición o interiorizarse. Puede uno estar atento a la posición misma y a los estiramientos, masajes o sensaciones que provoca. En cualquier caso, hay que evitar la dispersión mental y utilizar la posición, el cuerpo o sus sensaciones como objeto de atención, inhibiendo los pensamientos mecánicos. Hay que evitar ejecutar el asana de una manera mecánica o poco atenta y valorar sus detalles.

• La duración de los asanas debe aumentarse de forma gradual y de acuerdo con el asana de que se trate, pues los hay que permiten un mantenimiento de un minuto o más (*paschimottanasana, vakrasaana*) y otros que, por el esfuerzo que hay que realizar, tienen que ser mantenidos menos tiempo (*salabhasana, dhanurasana*). El tiempo de mantenimiento debe ser aumentado de modo progresivo, pues todo lo excesivo está contraindicado.

• Los textos clásicos explican a veces de una manera muy difusa e incluso confusa los asanas, porque se suponía que el gurú o maestro dirigía y vigilaba al discípulo. Un instructor experimentado será siempre de ayuda.

• Es mejor practicar los asanas sobre una superficie ni demasiado blanda ni demasiado dura, sirviéndose de unas prendas cómodas, en una estancia en la que la temperatura sea grata y con una luz tenue.

• Antes de ejecutar los asanas, es mejor haber evacuado y efectuarlos con el estómago vacío. Hay que estar atento para evitar tensiones innecesarias, como las del rostro o el cuello. A cualquier hora del día, se puede llevar a cabo la sesión de asanas, pero hay personas que, si los ejecutan por la noche, pueden en mayor o menor medida, padecer insomnio. Cada uno debe buscar la hora que mejor se avenga para su práctica.

• El asana va imponiendo su propio ritmo respiratorio y, en la medida de lo posible, lo mejor es respirar uniformemente, por la nariz y sin forzar. Hay asanas en los que se puede suspender la respiración unos segundos, como ocurre en *salabhasana* y *dhanurasana*, pero no es necesario.

• Mentores indios dicen que es saludable ingerir un vaso de leche fresca tras una sesión de asanas.

• Las personas con trastornos orgánicos deben consultar con su especialista.

• Antes de intentar ejecutar asanas avanzados es preferible y razonable dominar los básicos.

• Las personas que padecen dolor de oídos o desprendimiento de retina deben abstenerse de ejecutar los asanas de inversión, que deben ser realizados con moderación si se tiene hipertensión.

• Las mujeres pueden realizar los asanas hasta dos meses o incluso uno antes del parto, y volver a ejecutarlos unas semanas después. Si no se padecen dolores, no hay razón para evitar la ejecución de los asanas durante la menstruación.

• Por lo general, es mejor practicar los asanas antes del *pranayama*, aunque algunos mentores prefieren que se ejecuten después.

- Una sesión de asanas puede durar de media hora a dos horas, y siempre es mejor cerrarla con la práctica de la relajación profunda (*savasana*).

- En la ejecución del asana tienen un papel considerable la atención, la precisión, el equilibrio en la respiración (uniformándola), la introspección, la paciencia, la ecuanimidad, el tratar de aflojar aun en la tensión y la motivación. Sin embargo, no hay que desanimarse si una postura resulta incómoda. Así como la nieve poco a poco quiebra la rama de un árbol, la práctica constante va eliminando las tensiones y la rigidez del cuerpo, y uno comienza a disfrutar de la deleitosa sensación del estiramiento. No hay que presionarse y hacer esfuerzos inconvenientes, que lo único que hacen es inflamar o lesionar la musculatura. Son frecuentes las lesiones en la ejecución de las posturas por tan solo una razón: descuido o negligencia, esfuerzo inapropiado y la urgencia por obtener elasticidad en la posición. Hay que desconfiar de los instructores que exigen esfuerzos desmesurados a sus alumnos o que incluso les ayudan (habría que decir les perjudican) al hacer la postura, apoyándose en su espalda o en otra zona del cuerpo. Un mentor me recordaba que al hacer la posición hay que proceder muy atentamente para saber el punto límite al que se puede llegar ese día, sin sobrepasarlo. Esto convierte la postura en una técnica de meditación, pues hay que estar muy atento a cada movimiento y sensación. Entonces es cuando la postura se convierte verdaderamente en una herramienta de meditación, de percepción y autopercepción.

El asana, respetando todos sus requisitos, influye sobre el cuerpo y sus funciones, los puntos vitales, el prana o cuerpo energético, el órgano psicomental y el sistema emocional, y lo hace
mucho más cuando se asocia a otras técnicas del Hatha-Yoga
y si es asistido mediante la concentración y la introspección.
Según los mentores que he entrevistado, asanas y *pranayama*,
apoyados por el *pratyahara*, tienen la capacidad de permitir que
las arterias energéticas se despeguen de impurezas y el prana
pueda fluir libremente.

Parte II. *Pranayama*

1. Prana

En el Hatha-Yoga o yoga psicofísico se le concede una importancia capital al prana, puesto que es el que rige toda forma de vida. El ser humano es un microcosmos o universo en miniatura, una parte minúscula, pero parte al fin del macrocosmos. Hay una conexión entre el microcosmos y el macrocosmos que cumple esa ley que sostiene que: «lo que es arriba es abajo y lo que es abajo es arriba», y que también puede ser formulada como lo que es dentro es fuera y lo que es fuera es dentro.

La energía o fuerza vital, el aliento, el poder, el movimiento y la vida es el prana. Un principio vital que se hace individual en los seres sintientes e insufla a todo el universo y a toda forma de existencia. Se renueva a través de la respiración y se acentúa mediante el alimento, el sueño y otros manantiales de fuerza vital. Se nos dice que se acumula en el cerebro, que está circulando por todo el cuerpo (el físico y el sutil), que durante el sueño se recoge en el pericardio, que disponemos de él generosamente, pero no es inagotable y que está en la persona incrementarlo y acumularlo, enriquecerlo o, por el contrario, malgastarlo y empobrecerlo.

El prana es energía dinámica y toda forma de vida se le debe, pues fluye por esos nervios ultrasutiles que se llaman *nadis*, pero también por los nervios fisiológicos. El cuerpo humano es como un mapa energético donde se alternan las energías burdas y las sutiles, donde hay plexos nerviosos y centros de energía, así como puntos vitales esenciales (los *marmas*) y elementos sutiles y burdos, como tierra, agua, fuego, aire y éter. Los asanas influyen tanto sobre el cuerpo sutil como sobre el energético, y los hay especiales para alcanzar los puntos vitales o *marmas*.

Todos los componentes del cuerpo humano están regulados por el prana, que es el que alimenta al ser humano como tal y lo mantiene con vida, pero cuando se retira, se produce la muerte, porque mantiene los huesos, la sangre, los músculos, los nervios, los centros nerviosos y demás. Un antiguo adagio expresa: «Sin prana no se puede elevar ni un dedo en el aire». Hasta para parpadear es necesario, ya que rige todas las funciones, desde las aparentemente más nimias a las más importantes. Por ello, hay yoguis que valoran extraordinariamente todo lo que ayude a pranizarse (energetizarse y revitalizarse): alimentación pura, ayuno inteligente, práctica de asanas y *pranayamas*, introspección, conexión con la naturaleza, pensamiento puro y emociones sanas, así como aprender a manipular sabiamente las energías y no disiparlas o malgastarlas, pues hay que evitar las fugas inútiles de vitalidad.

En la medida en que se regula y equilibra el prana, se regula y armoniza la mente, por ser muy estrecha la conexión entre prana y mente, así como lo es entre prana y sistema nervioso o prana y sistema emocional.

Los órganos sensoriales operan por el poder del prana, así como también lo hacen todas las funciones corporales y, también, las psicomentales, incluso la consciencia es prana muy refinado. En suma, no hay función física o mental que no sea debida a prana, la energía que está activa en el cuerpo y en el cerebro, y que en el ser humano configura el aire vital o *wayu*, residiendo en el corazón, pero moviéndose por todo el cuerpo físico y energético.

Toda forma de vida es gracias a prana e incluso las funciones fisiológicas, que parecen menores, pero no lo son, operan por la fuerza de prana, tales como el estornudo, el suspiro, el parpadeo, el hipo y otras. Hasta el más insignificante movimiento es por prana. Si el prana está perfectamente equilibrado, hay salud; cuando hay una ruptura, sobreviene la enfermedad. Si se domina el prana, se domina la mente, porque el prana más sutil es pura mente, porque es el núcleo de la vida.

En el yoga, hay muchas técnicas para equilibrar el prana. Hay posturas o asanas que ejercen intencionadamente presión en determinados puntos esenciales para la circulación de prana o *pranayamas* para acumular e intensificar e incluso distribuirlo mejor por el cuerpo físico y energético. Este supremo conocimiento ha venido siempre dado por la verificación personal y no por las creencias, aunque a veces no es fácil neutralizar las tendencias a la exageración o incluso la superstición, que también vemos en diversos textos clásicos.

El prana es ascendente y está conectado con el prana cósmico, por lo tanto, es una fuerza que hay que aprender a conocer, experimentar y dirigir. Como me dijo un mentor: «Al prana le es ajeno si confías en él o no, pero es una pena desaprovechar las posibilidades de una fuerza tan formidable».

Esta fuerza alienta al ser humano, pero también es un poder exterior que hace posible la electricidad, el calor y las diferentes formas de energía. En sus distintas modalidades, reside y alienta el corazón y los distintos plexos. Prana es complementado por *apana* (que es una modalidad de prana). Las distintas formas de prana rigen la respiración (prana propiamente dicho y alojado en el corazón), *apana* (alojado en la región anal, rige la excreción), *samana* (en el ombligo, rige la digestión), *udana* (en la garganta, rige la deglución) y *vyana* (en todo el cuerpo, controla la circulación sanguínea).

Además de estas distintas modalidades de prana, están los subpranas o pranas menores, que también son importantes: *naga* (controla el hipo y el eructo), *kurma* (el parpadeo), *krikara* (el hambre y la sed), *devadatta* (el bostezo) y *dhananjaya* (la corrupción del cuerpo tras el fallecimiento).

El yogui aprende a purificar tanto los nervios como los canales sutiles, mediante cortocircuitos generados por los asanas y por el control de los pranas. El *pranayama* tiene un gran poder purificador, que también colabora para regular los elementos vitales en el cuerpo: tierra, agua, fuego, aire y éter, así como los principios vitales: *pitta*, *vata* y *rale*. Los *vayus* (aires) se equilibran y cooperan en la armonía de las glándulas. El yogui hace este trabajo con gusto y motivación, porque le apoya para tener una mente más consciente y equilibrada.

Desde hace siglos, se ha considerado que las técnicas del Hatha-Yoga tienen un alcance y un poder terapéutico, que ha aprovechado la tradicional medicina india llamada ayurveda. Sin embargo, lo que más interesa al yogui es que la armonía cuerpo y mente le prepara para el Raja-Yoga o yoga del dominio sobre la mente, que muchas veces está ganada por la inercia y la ansiedad, porque el cuerpo físico, o el energético, o ambos, no están puros.

El dominio sobre prana permite que se equilibren los elementos burdos del organismo (tierra, agua, fuego, aire y éter) y los sutiles. Hay un nexo, un puente o un vínculo de energía entre el cuerpo burdo y el sutil, por eso, para determinados yoguis, los asanas trabajan tanto sobre uno como sobre otro y, por lo tanto, sobre los plexos nerviosos y los centros energéticos.

En el Hatha-Yoga y en los yogas energéticos, se nos dice que en el ser humano se combinan las energías positivas y las negativas. Desde el mediodía hasta la medianoche, el prana fluye a través de los vasos sanguíneos y de medianoche a mediodía, lo hace a través de todos los nervios del cuerpo. El mismo término Hatha-Yoga, para denominar al yoga fisiológico, quiere decir la unión o el yoga a través de la fusión de las energías masculinas (*ha*) y las femeninas (*tha*).

Los ejercicios de *pranayama* son por su excelencia las técnicas más idóneas para regular, activar y acumular prana, ya que mediante la atención en la respiración se trata de controlar prana y, por lo tanto, la mente, dada la estrecha conexión entre esta y el prana o respiración. Aunque Patañjali aplica su escalón cuatro de los ocho que propone a la respiración o *pranayama*, es en realidad a partir del movimiento *nath* y sobre todo con el florecimiento del Hatha-Yoga que el *pranayama* como tal adquiere toda su importancia.

Los yogas mentales (raja, gnana u otros) está claro que conocían profundamente el gran poder de la concentración en la respiración para calmar y unificar la mente e inhibir los torbellinos mentales, pero no se utilizaban ejercicios respiratorios o de *pranayama*. Sí se usaban ejercicios de concentración y atención a la respiración, ya bien conocidos y practicados desde hace dos mil quinientos años por Buda y sus discípulos, y sin duda más que conocidos y utilizados por los dos grandes maestros de yoga del mismo Buda. Pero una cosa es el ejercicio de la meditación basado en la atención a la respiración y otra cosa el de *pranayama* o control respiratorio. Podemos decir en este sentido que la respiración, como metodología psicosomática y espiritual, puede utilizarse en dos vertientes:

a) Como un soporte muy eficaz para el cultivo de la atención y la unificación o concentración de la mente. En este caso, se respira con toda naturalidad y se fija la atención mental en la respiración. Hay una decena de ejercicios para esto, y todos ellos ayudan a unificar la consciencia y a calmarse, por lo tanto, son ejercicios idóneos de concentración y sosiego.

b) La respiración como ejercicio fisiológico y psicosomático, que se regula, ejercita y controla, puesto que tiene una repercusión mental y psicológica, y que ayuda a incrementar el prana o energía y a desencadenar beneficios físicos considerables.

Determinados ejercicios de una y otra modalidad cooperan para abrirnos paso hacia la mente quieta y para ir consiguiendo ese grado que Patañjali denomina «*pratyahara*» y sitúa en quinto lugar, pero este tema lo abordaremos en profundidad en nuestro libro *Dharana* y *pratyahara*, que formará parte de esta serie de cuatro volúmenes dedicada a investigar en las enseñanzas de Patañjali, pero con un carácter eminentemente práctico.

2. La ciencia del *pranayama*

La respiración es una valiosísima fuente de prana, por eso los hatha-yoguis la utilizaron para recargar fuerza vital y también para obtener, mediante el control respiratorio, grandes beneficios físicos, mentales y espirituales. Incluso en el Hatha-Yoga se utiliza el control respiratorio como terapia y hay ejercicios para visualizar que se envía el prana a la zona afectada o sentir la respiración como una inyección de vitalidad y energía.

Yama es un término que podemos traducir como pausa o retención, por lo que *pranayama* sería la retención o pausa del aliento, y también su regulación deliberada. De cualquier modo, el *pranayama* es un conjunto de ejercicios de control de la respiración, que imponen sus propios y definidos requisitos. Este control debe ser paciente, respetuoso y equilibrado, pues de otra manera el *pranayama* no estaría exento de riesgos, sobre todo cuando se realiza a fondo y como un verdadero *sadhana* (disciplina psicofísica).

En *Hatha-Yoga Pradipika* se nos previene: «Tal como domamos leones, elefantes y tigres gradualmente, así debemos controlar el prana, pues, de lo contrario, él matará al practicante».

La práctica de *pranayama* tiene un alcance somático importante y, a su modo, es una forma de ascesis para aumentar el poder interior, pues también conduce a la mente a estados de *samapatti* o no mente, a esa vacuidad mental que se conoce como «*laya*» y que aporta un tipo de experiencia y de conocimiento muy diferente y mucho más transformador que el de la mente ordinaria.

El ser humano respira de quince a veinte veces por minuto, y al nacer, inhalamos, y al morir, espiramos. Nuestra vida está marcada, toda ella, por la respiración. Además, es una función que se realiza automáticamente, pero que también podemos hacer conscientemente. A diferencia de la mayoría de las personas, hay yoguis que son capaces de percibir su pulso o los latidos del corazón; sin embargo, toda persona puede deliberadamente sentir su respiración y aprender a regularla.

Los yoguis descubrieron hace siglos lo que se hizo muy evidente para ese gran especialista en yoga y médico: el doctor Filliozar, que se percató de la estrecha relación entre la respiración y los estados mentales y emocionales. Sin embargo, fue más allá y dijo:

La restricción de la respiración es, a veces, tan grande que algunos pueden hacerse enterrar vivos por un cierto tiempo sin peligro, con una reserva de aire que sería insuficiente totalmente para asegurarles la supervivencia. Esta reserva de aire, según ellos, está destinada a permitirles algunas inspiraciones para retornar al estado del yoga, si algún accidente les obligase a salir de él durante la experiencia y les pusiera en peligro.

No respira lo mismo una persona tensa que una distendida, ansiosa o relajada, alegre o triste, concentrada o dispersa, asustada o tranquila. Los estados mentales y emocionales tienen su repercusión en la respiración, así como la respiración la tiene en los estados mentales. Hace siglos, Bhoja aseveró con toda la razón que le daba su larga experiencia:

Porque todas las funciones de los órganos están precedidas por la de la respiración –y porque existe siempre una conexión entre la respiración y la consciencia en sus funciones respectivas– la respiración, cuando están suspendidas las funciones de los órganos, lleva a cabo la concentración de la consciencia en una sola dirección.

El yogui trata de unificar su consciencia mediante el control de la respiración, y así puede acceder a estados superiores de mente en los que hay mayor calma, lucidez e intuición. Ningún practicante serio de yoga puede dudar de hasta qué grado evita la dispersión mental y unifica la consciencia.

La mayoría de las técnicas de *pranayama* constan de tres tiempos:

- Inhalación (*puraka*).
- Retención (*kumbhaka*).
- Exhalación (*rechaka*).

El *kumbhaka* suele ser interno, o sea con el aire dentro, pero también está el externo, con el aire exhalado.

Sin embargo, en algunas técnicas de *pranayama* o control respiratorio solo hay fases de inhalación y exhalación, aunque todo este ejercicio asume unos requisitos que lo definen. Con respecto a la fase de retención a pulmón vacío, puede ser voluntaria (*baya kumbaka*) o espontánea (*kevala kumbhaka*). Hay *pranayamas* que se efectúan por la nariz, que son la mayoría, pero hay otros que se hacen también por la boca.

El *kevala kumbhaka* es una retención muy especial, pues se produce por sí misma en forma espontánea y puede tener lugar entre la inhalación y la exhalación, o bien tras haber exhalado todo el aire. De pronto, se produce una natural suspensión del aire que puede prolongarse tanto tiempo que el practicante se puede asustar, pero que produce el *pratyahara* y un estado de gran calma. Es el resultado de un cierto entrenamiento, pero no se realiza ningún tipo de esfuerzo en el momento mismo. Dada mi experiencia, que como es personal no debe condicionar al lector, por lo general, cuando ha sobrevenido el *kevala-kumbhaka*, ha sido en un estado de máxima inmovilidad física y de relajación y bienestar. Se experimenta una sensación de honda introspección o ensimismamiento y es sin duda un estado singular e inhabitual de consciencia, pero también muy inspirador y diría que incluso revelador.

Desde el enfoque energético, se considera que la fosa nasal derecha transporta energía solar o positiva y la fosa nasal izquierda energía lunar o negativa, y que mediante el *pranayama* se regulan y equilibran unas y otras energías. En las personas sanas, la respiración se produce por una y otra zona cada dos horas, en tanto que, cuando hay algún tipo de *pranayama* de desequilibrio, no se cumple esta situación.

De acuerdo con algunos maestros, mediante la inhalación se toma energía o prana y mediante la retención se distribuye, luego, mediante la exhalación se libera el cuerpo energético de impurezas. Estamos hablando desde el enfoque energético y no desde el fisiológico. Mediante los ejercicios de *pranayama* también se equilibran los principios orgánicos conocidos en el ayurveda como *vayu* (aire), *kapha* (función linfática) y *pitta* (temperatura).

En el caso de periodos de ejecución intensa de *pranayama*, se recomienda la *brahmacharya* (castidad tanto física como mental), una vida apacible, una alimentación muy sana y la aplicación de los *bandhas* (llaves) esenciales. Así como un ejercicio físico moderado, el contacto con la naturaleza, irse a dormir por la noche a una hora temprana y siempre parecida, beber agua en abundancia y que no haga demasiado frío, ni demasiado calor. Pese a que estas condiciones son las óptimas, sabemos que no siempre son posibles. Hay que proceder con cautela y sin impaciencia, para ir dominando poco a poco los diferentes ejercicios.

Se considera que hay una relación estrecha entre mente, prana y energía sexual, por eso hay mentores que aconsejan la *brahmacharya* (castidad) para llevar a cabo periodos muy intensos de práctica de *pranayama*, que debe acompañarse por una alimentación selectiva y especial. Los fluidos sexuales pueden, de acuerdo con el Tantra-Yoga, transformarse en energía espiritual (*Ojas Shakti*).

Es posible realizar hasta cuatro sesiones diarias, pero nunca llegar a una situación de cansancio, además hay que poner especial atención para exhalar todo el aire. El *pranayama* será tanto más eficiente cuanto más purificado esté el organismo y más atenta y estable la mente. Purifica todo el sistema nervioso y es aconsejable, para su mejor realización, liberar las fosas nasales de impurezas y obstrucciones mediante la técnica del *neti*. Primavera y otoño se consideran las mejores épocas para un entrenamiento intenso en *pranayama*, al que no deben someterse personas que padezcan trastornos orgánicos como hipertensión o afecciones de pulmón o corazón. Las personas de edad avanzada tienen que proceder con más cautela.

La unidad o medida del *pranayama* se denomina *mantra* y hay diversas formas de *mantra* o de medirlo. Algunos yoguis se sirven como referencia del movimiento rotativo de su mano izquierda sobre la propia rodilla. Otros emplean la recitación del mantra *Om* y asimismo se puede simplemente contar. Acoplado al *pranayama* se puede realizar cualquier tipo de mantra mentalizándolo.

En general, se considera que lo adecuado es que el tiempo de inhalación se cuadruplique durante la retención y se duplique con la exhalación, o sea la formula: 1-4-2. Por ejemplo: cinco segundos para inhalar veinte para retener y diez para exhalar. Los autores más destacados y los practicantes habituales están de acuerdo, según su propia experiencia, en que el *pranayama* es como un salvoconducto para acceder al *pratyahara*. Una gran mayoría de los entrevistados me han dicho que, en este sentido, les ha sido de gran ayuda la respiración alternada. Hay diversos modos de conseguir el *pratyahara* o retracción sensorial, pero no hay duda de que el *pranayama* y determinados ejercicios de atención a la respiración pueden desencadenarlo.

3. Ejercicios respiratorios preliminares

Un maestro recomendaba insistentemente: «Si no sabes respirar, aprende». Los sabios chinos declaraban: «Lo primero que una persona debería aprender es a respirar». Otro comentaba: «Supón que cuentas con un vehículo fabuloso, pero no sabes conducirlo, eso pasa en cierto modo si no sabes respirar». Por eso hay que hacer una diferencia clara entre la respiración como función mecánica e involuntaria (por fortuna, que ella respire por nosotros) y la respiración consciente y regulada, donde uno es el que voluntariamente respira. Como somos seres de aprendizaje –y de eso no hay duda–, podemos también aprender a respirar mejor y sacarle mayor beneficio a la respiración.

A lo largo de años, muchos médicos internistas me han enviado pacientes para que aprendan a respirar. No descubrimos nada diciendo que la respiración es vida. Podemos aprender a profundizarla, ritmarla y uniformarla y, para ello, hay cuatro ejercicios básicos que deberían enseñarnos desde muy niños, pues se caracterizan por que los hacemos conscientemente y tratamos de aplicar determinadas reglas muy beneficiosas. Me estoy refiriendo a la respiración abdominal, intercostal, clavicular e integral. He hablado con gran cantidad de practicantes de yoga que nunca las han realizado y que incluso las subestiman un poco por su simplicidad... ¡Bendita simplicidad! Yo comencé a ejecutarlas con dieciséis años, quizá menos, como he dicho, y creo que deberían enseñarse a todos los niños. En mi afán de difundir estas técnicas y otras del yoga para niños, he escrito cinco libros, para llegar a los de diferentes edades. La respiración es una aliada, que por suerte funciona aun cuando no estamos atentos o tratando de regularla, pero ya que la tenemos, saquémosle todo su beneficio. El solo hecho de respirar profundamente es una inyección de vitalidad, y además nos hace sentir vivos y plenos, ya que nos hace tomar consciencia de qué somos. No se trata de pensar que somos, sino de ser.

Respiraciones abdominales

De pie, sentado o acostado, inhale lentamente por la nariz y dirija el aire hacia el vientre y el estómago. Después exhale en el mismo tiempo el aire, también por la nariz.

Pueden hacerse una veintena o más de respiraciones. Si se ejecuta bien este ejercicio, al inhalar se ensanchan el vientre y el estómago, que regresan a su posición de inicio al exhalar.

Respiraciones intercostales

De pie, sentado o acostado, inhale lentamente por la nariz y conduzca el aire a la zona media del pecho, a los costados, para después expulsarlo por la nariz en el mismo tiempo. Si se realiza bien el ejercicio, al tomar el aire, el tórax se dilata en su zona media y las costillas se abren, para después volver a su posición original al exhalar.

Se puede hacer el ejercicio veinte veces o más.

Respiraciones claviculares

Sentado, de pie o acostado, inhale lentamente por la nariz y conduzca el aire a la zona más alta del tórax, hacia las clavículas, para después exhalarlo en el mismo tiempo también por las fosas nasales.

Si ejecuta bien el ejercicio, al tomar el aire, todo el tórax se dilata, mientras el estómago se hunde ligeramente. Se realiza el ejercicio veinte veces o más.

Respiraciones completas o integrales

De pie, sentado o acostado sobre la espalda, inhale lentamente por la nariz y lleve el aire al vientre y al estómago. A continuación, sin interrupción, dirija el aire hacia la zona media del pecho y, seguidamente, sin interrupción, conduzca el aire hacia la zona más alta del tórax, hacia las clavículas. Después exhale en el mismo tiempo aproximadamente y también por la nariz.

Si se ejecuta bien esta respiración, primero se dilatan vientre y estómago, después la zona media del pecho y por último todo el tórax. Se puede hacer el ejercicio una veintena de veces.

Cuando se ha dominado este ejercicio, se añade la fase de retención del aire, de acuerdo con cada practicante, pero sin forzar y añadiendo gradualmente el tiempo de retención.

Beneficios

Los beneficios de las cuatro respiraciones básicas son muy numerosos:

- Sedan el sistema nervioso.
- Oxigenan el cerebro.
- Fortalecen los tejidos pulmonares.
- Aumentan la capacidad de resistencia.
- Previenen los resfriados.
- Favorecen la acción cardíaca y circulatoria.
- Procuran calma mental.

Respiración rítmica

En relajación profunda y acostado, haga una inhalación completa. A continuación, mantenga el aire el tiempo que pueda sin forzar, para después exhalar en el mismo tiempo que inhaló y mantener la retención a pulmón vacío en el mismo tiempo que la retuvo a pulmón lleno. Es decir, que el tiempo de la inhalación y la exhalación es el mismo, por un lado, y el de las retenciones el mismo, por otro.

Se efectuará esta modalidad respiratoria de quince a veinte veces.

Respiración cuadrada

La respiración cuadrada es como una respiración completa, pero sus fases duran lo mismo. El tiempo que se invierte en la inhalación es el que se emplea para la retención a pulmón lleno, la exhalación y la retención a pulmón vacío. Se puede realizar preferiblemente acostado y también sentado.

Esta modalidad respiratoria puede hacerse de quince a veinte veces.

Tanto la respiración rítmica como la completa tienen un gran poder para relajar el cuerpo y sosegar la mente; ayudan a combatir el insomnio, el estrés y la ansiedad; favorecen la concentración y la introspección.

No se insiste lo suficiente en ello, pero es muy conveniente haberse ejercitado bastante antes de abordar el *pranayama* propiamente dicho y sobre todo los *kumbhakas* o retenciones.

4. Principales técnicas del *pranayama*

Respiración alternada (*nadi sodhana*)

Sentado y erguidos el tronco y la cabeza, clausure la fosa nasal derecha, inhalando lentamente por la fosa nasal izquierda hasta llenar los pulmones por completo. Después cierre la fosa nasal izquierda y exhale por la fosa derecha en el doble de tiempo, aproximadamente, que inhaló. A continuación, cerrando la fosa nasal izquierda, exhale por la derecha, para luego cerrar la derecha e inhalar por la izquierda. Así se van alternando una y otra fosa. La manera de no equivocarse es que siempre se exhala por la fosa contraria a la que se inhaló y se inhala por la contraria a la que se exhaló. La exhalación se duplica por el tiempo de la inhalación, es decir, por poner un ejemplo, si se inhaló contando hasta seis, se exhalará contando hasta doce.

Cuando se adquiere la suficiente práctica, se ejecuta el tiempo de retención, que debe llegar a ser, en lo posible y sin forzar, cuatro veces el de la inhalación y el doble que el de la exhalación, o sea la fórmula 1-4-2.

Se ejecuta el ejercicio durante diez minutos.

Los beneficios de este *pranayama* son extraordinarios:

* Regula las energías positivas (solar) y negativa (lunar).
* Equilibra los dos hemisferios del cerebro.
* Purifica los nervios.
* Aumenta la capacidad de concentración.
* Estabiliza la mente y facilita la introspección.
* Ayuda en la conquista del *pratyahara* (mente vacua y desconectada de los órganos sensoriales).
* Equilibra el sistema nervioso.

Respiración solar (*suryabedha*)

Se denomina así porque pone todo el énfasis en incrementar la energía positiva o solar que fluye por la fosa nasal derecha. Con el tronco erguido, se clausura la fosa nasal izquierda y se inhala profundamente por la fosa nasal derecha hasta llenar todo el tórax, controlando ligeramente la cintura abdominal y evitando que se expanda. Se retiene el aire lo que se pueda sin forzar, y se expulsa en el doble de tiempo por la misma fosa en que se inhaló, o sea por la derecha, aunque otro método consiste en exhalar por la izquierda.

Se ejecuta este *pranayama* a lo largo de diez minutos o más.

Favorece la concentración, la introspección y la regulación de energías, activando por un tiempo la solar y ayudando a combatir la psicastenia, la pereza y la inercia.

Respiración victoriosa (*ujjayi*)

El *ujjayi* es una respiración tan poderosa que se conoce como la victoriosa o triunfadora. Ha sido mi compañera inseparable año tras año. Mi alumno y amigo el doctor Miguel Fraile siempre decía que es como un masaje al cerebro y, sin duda, al corazón. Puede llevar algún tiempo hacerse con ella, pero es realmente un regalo y un medicamento.

Lo mejor es llevar a cabo esta técnica respiratoria en la posición de sentado, ya sea en la postura de yoga o sobre una silla. El tronco debe estar muy erguido y a partir de ahí observamos los siguientes pasos.

Incline la cabeza y fije, con firmeza, la barbilla en la raíz del tórax o en la hendidura yugular, para lo cual debe estirar intensamente todos los músculos posteriores del cuerpo. Esta técnica es un *bandha* o llave neuromuscular y se conoce como *uddiyana-bandha* o la llave del mentón. Recurriendo a un símil intencionadamente burdo, es como un grifo que controla el agua, en este caso el aire.

Inhale lentamente por ambas fosas nasales, dirigiendo el aire hacia el tórax, llenando por completo los pulmones, a la vez que pliegan las paredes abdominales (no en exceso) hacia la espina dorsal, con lo que el tórax queda muy abultado, como una especie de olla. Tras retener el aire lo que se pueda, sin forzar, se clausura la fosa nasal derecha con el pulgar de la mano derecha, y se exhala en el doble de tiempo que se inhaló por la fosa nasal izquierda. También puede exhalarse por ambas fosas. Hasta que domine la técnica, no se preocupe de cumplir los tiempos.

Como queda parcialmente cerrada la glotis, se produce un sonido sibilante como el sollozo apagado de un niño. Si al inhalar logramos que le aire golpeé la zona posterior de la garganta, debajo del paladar, mejor.

Se intensifican aún más los beneficios de este *pranayama* aplicando el *mulabandha* durante la retención del aire, como se explica más abajo.

Se genera mucho calor y se produce sudor, pero no se debe secar, sino extenderlo por el cuerpo con las manos. Se puede realizar durante diez minutos o más, sin forzar ni excederse. Hacer unos minutos de *savasana* (relajación) tras su práctica.

El *ujjayi* es desintoxicante, aumenta la capacidad de resistencia del cuerpo, fortalece los tejidos pulmonares, energetiza y previene contra trastornos respiratorios.

Respiración limpieza del cráneo (*kaphalabhati*)

Este *pranayama* carece de *kumbhaka* (retención del aliento). Hay mentores que lo identifican con el *bhaktrika* o la respiración fuelle, como he comprobado con varios de ellos en la India, pero hay notables diferencias, si bien lo que sucede es que hay preceptores que consideran que ambas modalidades desencadenan los mismos efectos y que por eso es indiferente ejecutar una u otra.

Habiendo adoptado una postura estable de meditación, se ejecutan una o varias respiraciones completas, que sirven a modo de calentamiento pulmonar, pero que no son imprescindibles. A continuación, por la nariz, se inhala y exhala, pero la exhalación es cuatro veces más rápida que la inhalación y es como una ráfaga de aire, tal como si uno quisiera apagar una vela encendida a cierta distancia. Daré otra pista: la inhalación es pasiva y la exhalación activa. Al exhalar con fuerza, la inhalación sobreviene de manera natural. Soltando el aire con fuerza y de golpe, el estómago se llena de forma espontánea.

Se puede comenzar por hacer tres series, cada una de treinta inhalaciones-exhalaciones, descansando un poco entre serie y serie. Con la práctica, se aumentan el número de series y el de inhalaciones-exhalaciones por serie. El secreto está en ir aumentándolas en cada serie, pero evitando que el esfuerzo excesivo nos canse. Con la práctica lo aparentemente difícil se torna fácil.

Respiración fuelle (*bhastrika*)

Desde que comencé con el Hatha-Yoga, a eso de los quince años, me percaté con no poca sorpresa, de las diferentes opiniones que había con respecto a la técnica de *pranayama* conocida como *bhastrika*, que quiere decir fuelle, un nombre que le va muy bien por el sonido similar a un fuelle que se emite. Recibí tres versiones cuando menos:

- Una que era como el *kapalabhati* pero más rápidas la inhalación y la exhalación, y siendo el abdomen y el estómago los que recibían el aire.
- Otra que se trataba de una respiración vigorosa y corta hacia el tórax, es decir, que la anterior era abdominal y esta torácica.
- Una tercera que la inhalación y la exhalación implicaban a la par el estómago y parte del tórax.

Resultado: he practicado a fondo las tres, acostumbrado ya desde que entré en el Hatha-Yoga, a que son una constante las diferencias que hay, muy a menudo, entre unas y otras técnicas (asanas, *pranayamas*, etc.) según los textos e incluso los mentores.

En esta ocasión, me voy a referir a la técnica de la respiración *bhastrika* implicando el estómago y la parte baja del tórax. De cualquier manera, uno debe estar muy erguido y en una postura estable. La cara puede estar mirando al frente o ligeramente inclinada. Puede comenzarse, o no, por hacer unas vueltas de respiración completa o incluso alternada.

Apoyando bien las manos en los muslos, se inhala y exhala bruscamente, pero con respiraciones cortas, que impliquen al estómago y parte baja del pecho. Las inhalaciones y exhalaciones deben durar lo mismo aproximadamente.

Puede comenzarse por efectuar tres ciclos de cincuenta inhalaciones-exhalaciones y descansando un breve tiempo entre cada uno de ellos. Con la práctica, se irá aumentando el número de ciclos y de inhalaciones-exhalaciones en cada ciclo. Nunca debe hacerse un esfuerzo excesivo. Tras la práctica, se pueden hacer algunas respiraciones y una relajación completa de unos minutos.

Hay otra modalidad, de una innecesaria complejidad, (aunque se dice que tiene un gran poder para fortalecer los pulmones). Consiste en inhalar y exhalar, con la misma brusquedad y rapidez, en respiración alternada. No es sencillo, y si una de las fosas nasales está un poco obturada, resulta imposible. Además, requiere gran habilidad para tapar y destapar a toda velocidad las fosas nasales, con lo que uno está más atento a ello que a la respiración propiamente dicha.

Respiraciones refrescantes (*sitali* y *siktari*)

Sitali: sentado y erguido, proyecte la lengua más allá de los labios y colóquela en forma de un pequeño tubo. Inspire lentamente por la boca, a través de la lengua hasta llenar los pulmones de aire. Retenga el aire tanto como pueda sin forzar, preferiblemente con control abdominal Después exhale el aire por la nariz en el doble de tiempo que lo inhaló.

Realice este *pranayama* durante diez o quince minutos.

Entre otros efectos, tiene los siguientes: refresca el organismo, favorece el funcionamiento de ojos y oídos, aquieta la mente y aumenta la capacidad de resistencia al calor.

Siktari: con los labios ligeramente separados, se inspira por la boca hasta llenar todo el tórax. Después, sin retención, se exhala lentamente por la nariz. Se puede duplicar para la exhalación el doble de tiempo que para la inhalación.

Respiración *pratiloma*

Sentado con el trono erguido y haciendo el *jalandhara-bandha* o llave del mentón. Clausure la fosa nasal izquierda e inspire lentamente por la fosa nasal derecha hasta llenar de aire los pulmones. Cierre ambas fosas y retenga el aire hasta donde pueda sin forzar. Después saque el aire por ambas fosas en el doble de tiempo invertido en la inhalación. A continuación, cierre la fosa nasal derecha e inhale por la fosa nasal izquierda. Cierre ambas fosas y ejecute la retención del aire. Exhale después por ambas fosas nasales y habrá concluido un ciclo.

Puede hacer el ejercicio durante diez minutos o más.

Entre sus beneficios, están los siguientes: desarrolla un gran dominio sobre el aparato respiratorio, fortalece el corazón, previene la hipertensión, aumenta la capacidad de concentración, favorece un sueño profundo y reparador, equilibra los principios orgánicos.

Respiración *anuloma*

Sentado con el tronco erguido, realice el *jalandahra-bandha* e inspire profundamente por la nariz, con control de la cintura abdominal. Retenga el aire según su capacidad, cierre la fosa nasal izquierda y exhale por la derecha, en el doble de tiempo que inhaló. Inhale otra vez por ambas fosas nasales, suspenda la respiración y exhale en el doble de tiempo en el que inhaló por la fosa nasal izquierda. Hasta aquí un ciclo. Puede efectuar este *pranayama* de diez minutos en adelante.

Respiración *viloma*

Sentado erguido, efectúe el *jalandhara-bandha* e inspire por ambas fosas nasales durante dos segundos. Haga una pausa de dos segundos y vuelva a inspirar durante dos segundos para volver a hacer una pausa de dos segundos, y proceda con este sistema hasta llenar por completo los pulmones. Después exhale por ambas fosas nasales. Esta es la primera fase. La segunda fase complementaria consiste en lo siguiente: inhale lentamente por ambas fosas nasales hasta llenar los pulmones. Retenga el aire lo que pueda y exhale durante dos segundos, haga una pausa de dos segundos, y vuelva a exhalar durante dos segundos y así hasta expulsar por completo el aire de los pulmones y completar un ciclo de la segunda fase.

Se pueden realizar varios ciclos de una y otra fase.

Esta técnica respiratoria desencadena lo siguientes efectos: armoniza las energías y funciones del organismo, favorece el funcionamiento cerebral, previene la angustia y el estrés, perfecciona el aparato respiratorio, estabiliza la acción cardíaca y aquieta la mente.

Quiero apuntar que no debe uno dejarse ganar por un innecesario purismo o a veces incluso la superstición y no ceder a la creencia de que el *pranayama*, si no se hace sentado en el suelo o incluso en *padmasana* o *siddhasana*, no rinde sus beneficios. Ejecutado con corrección, se consiguen los mismos beneficios estando sentados en una silla o en un taburete.

Pratilona, anuloma y *viloma* son de utilidad para ayudar a conquistar el *pratyahara*, al igual que la respiración alternada. Ya nos referiremos más extensamente a ello en nuestro volumen *Dharana* y *pratyahara*.

Control de los abdominales o el medio *udiyana-bandha:* este tema, como otros con respecto a las técnicas, es controvertido, por eso lo ideal siempre es la propia experiencia y, de ser posible, la asistencia de un cualificado instructor con considerable experiencia al respecto. Hay mentores que sostienen que, en los *pranayamas*, aun en los que más aire recogen y parte de él va el estómago, es conveniente mantener las paredes abdominales controladas y evitar que dilaten, a excepción de la respiración abdominal o diafragmática y para la completa o integral. En los *vilomas,* el practicante debe ir pulsando por sí mismo.

5. Instrucciones generales sobre el *pranayama*

- Puede practicarse el *pranayama* tras ejecutar los asanas o aparte de los mismos.
- Deben ejecutarse principalmente con el tronco erguido, sea sentándose en el suelo o en una silla.
- Es preferible tener el estómago vacío o cuando menos semivacío.
- Es mejor dominar los ejercicios básicos de respiración antes de pasar a practicar los *pranayamas*.
- Hay que evitar cualquier esfuerzo excesivo, sobre todo durante la retención (*kumbhaka*).
- No debe aplicarse el *kumbhaka* hasta que se domine la técnica del *pranayama* que se está ejecutando. Es mejor entrenarse previamente sin *kumbhaka*.
- Después de la práctica del *pranayama* se pueden hacer unos minutos de *savasana*.
- Puede resultar muy útil realizar, antes de la práctica del *pranayama*, el *neti*, para descongestionar y purificar las fosas nasales. Mentores indios recomiendan no hacer *pranayama* en horas del día en las que haga mucho calor.

• Si en cualquier ejercicio de *pranayama* uno se siente mal, debe dejarse en el acto. Las personas con tensión alta deben hacer *kumbhakas* muy breves o prescindir de ellos.

6. *Bandhas* de apoyo al *pranayama*

El *bandha* es una técnica importante del Hatha-Yoga, porque ejerce un control neuromuscular. *Bandha* quiere decir llave. Se trata de técnicas afines –con las que se combinan– a los mudras, que quiere decir sello. Los *bandhas* y mudras influyen no solo sobre músculos, sino sobre glándulas, plexos nerviosos y puntos vitales.

Hay varios *bandhas* de mucha utilidad para incrementar los beneficios del *pranayama*, siendo esenciales los tres que recogemos a continuación, ya que pueden hacerse en asociación con el *pranayama* o independientemente del mismo.

Jalandhara-bandha

Conocida como «la llave del mentón», consiste en inclinar la cabeza hacia la raíz del tórax y fijarla con firmeza en la hendidura yugular o en el tórax. Esta técnica realiza un beneficioso masaje sobre la glándula tiroides y revitaliza los músculos del cuello, pero sobre todo coopera en que la retención del aire, durante el *kumbhaka* a pulmón lleno, sea más eficiente y beneficiosa.

Esta técnica se puede realizar independientemente del *pranayama* o asociado con el mismo durante el tiempo de retención a pulmón lleno.

Uddiyana-bandha

Es «la llave de la musculatura abdominal» o «llave del abdomen», consiste en contraer las paredes abdominales hacia la espina dorsal, en lugar de permitir que se dilaten. Se trata de un control abdominal que se aplica durante la retención (y ya, si se quiere, durante la inhalación) del aire o *kumbhaka*, y que puede aflojar durante la exhalación, aunque muchos maestros consideran que en la mayoría de los *pranayamas* es mejor mantener el control de la cintura abdominal y que el aire inunde a fondo la zona media y alta de los pulmones.

Como técnica independiente del *pranayama* y como hemos explicado muy detalladamente en nuestra obra *Hatha-Yoga*, consiste en un vigoroso entrenamiento que lleva a tener un destacado dominio sobre los músculos del abdomen y a partir de ahí poder realizar el *nauli* y el *basti*, técnicas relativamente avanzadas y beneficiosas del Hatha-Yoga.

• Para evitar equívocos, podemos concluir en que hay tres modos de *uddiyana bandha*:

- El aplicado durante la retención del aire, que es mucho menos acusado que los dos siguientes.
- El que consiste en, tras exhalar, plegar las paredes abdominales hacia la columna vertebral. Lo denominamos *uddiyana-bandha* estático.
- El que estriba en controlar y soltar numerosas veces, y a pulmón vacío, las paredes abdominales.

Mula-bandha

El *mula-bandha* se conoce como «la llave de los esfínteres anales» y es de enorme eficacia aplicado al *pranayama*, pero también al margen de este. Se puede hacer en cuclillas, sentado o de pie.

Se trata de contraer tanto como sea posible el ano y el recto, y si es en asociación con el *pranayama*, se aplica esta llave tras la inhalación y durante la retención del aire a pulmón lleno. O sea, se inhala, se efectúa el *kumbhaka* asociado al *mula-bandha*, y se exhala deshaciendo la técnica.

Complementario de este *bandha* es un mudra que se llama *aswini-mudra* y que consiste en sucesivas contracciones-relajaciones de los esfínteres anales. Puede realizarse en postura de meditación o en cuclillas o semicuclillas.

Existe otro buen número de *bandhas*, pero estos tres que hemos explicado son los que se utilizan en asociación con el *pranayama*.

Hay *pranayama*s en los que se ejecuta el *jalandhara-bandha*, el *uddiyana-bandha* (sin excederse en su ejecución, pero controlando la cintura abdominal para que el vientre no dilate y esté contenido) y el *mula-bandha* durante la retención del aire a pulmón lleno. En *pranayamas* como el *ujjayi*, el *nadi sodhana* y el *suryabheda*, por ejemplo, siempre es aconsejable el control de la cintura abdominal, es decir, no permitir que se dilaten el abdomen y el estómago.

Conclusiones

El objetivo del yoga más genuino y antiguo es *moksha*, la liberación. A esa liberación suprema también se la denomina *mukti* o *kaivalya*, y representa la emancipación definitiva. Para aproximar al yogui a ese objetivo, se le procuran una gran cantidad de enseñanzas y métodos. Por lo tanto, se señala la meta, se muestra la senda y se proporcionan los mapas y vehículos necesarios para recorrerla. Nada queda librado al azar y ningún esfuerzo, aplicado honesta y motivadamente, se pierde.

El cuerpo y la mente se tornan el laboratorio viviente donde trabajar sin tregua para acercarse al revelador estado de la emancipación, que pone cese, como indicara Buda, a la ofuscación, la avidez y el odio, y por lo tanto al miedo y a mucho del sufrimiento. Se sigue la senda de los que podríamos denominar «los liberados vivientes», es decir, los que han ido abriendo el camino y nos sirven de guías con sus pautas de orientación, sus puntos de referencia, sus inspiradores logros espirituales y su tesón incomparable.

Desde muy jovencito tuve ocasión de conocer ese lado del yoga modernizado y occidentalizado que tiene poco de yoga, rentabilizado con una indecorosa retórica terapéutica y mercantilizándolo con muy falaces argumentos de que el yoga para la persona de hoy (estresada, con ansiedad y dolor de espalda, insomnio o depresión) tiene que ser distinto al yoga tradicional. Ya en mi adolescencia, abundaban unos libros muy simples, que trataban de convertir el yoga en una panacea o enmascararlo con burdas supersticiones. Abundaban en el mundo occidental, y no menos en la India, libros con títulos como *Siempre joven con el yoga* y otros similares, ofreciendo recetas para mantener el vigor sexual, la eterna belleza física e incluso casi la inmortalidad. En parte, es cierto que los primeros traidores a la quintaesencia del yoga fueron los mentores indios que llevaron a América un yoga donde era difícil distinguir entre lo yóguico y la calistenia, la gimnasia sueca o finlandesa, el culturismo o el contorsionismo. Por ejemplo, el saludo al sol o el saludo a la luna, o el saludo a Júpiter o cualquier saludo que sea, si a usted le viene bien y le ayuda, practíquelo, pero tenga la más absoluta certeza de que no es Hatha-Yoga.

Siempre que he pasado por París, he ido a visitar por fuera la casa del gran estudioso de filosofías y doctrinas orientales René Guénon. Me gusta detenerme unos minutos en la casa en la que vivió en la Isla de San Luis e incluso colarme furtivamente en el patio de la finca. Me vienen a la mente palabras con las que ya nos advertía y prevenía hace décadas, como, por ejemplo:

Cuidado con los charlatanes que buscan sacar provecho de cualquier idea inspirada más o menos vagamente del yoga para fines que no tienen absolutamente nada de espiritual.

Y también:

La destrucción de una enseñanza empieza por la distorsión, lo cual es una preparación para una desviación subsiguiente; todo llevará a una parodia de la espiritualidad.

Hay que poner bajo la más estricta sospecha a aquellas y aquellos que nos vienen con la falacia de que el occidental es diferente al oriental y que el yoga indio no es el oportuno para los dolientes y pobrecitos estresados occidentales y sus trastornos psicosomáticos. Mírese qué hay detrás de esas falsas aseveraciones y qué intereses las provocan. Un poco de discernimiento no va a venir mal. La duda, cuando no es sistemática o el resultado de una mente estrecha, resulta conveniente para que nos ayude a distinguir entre la joyería y la bisutería, desmontando, en lo posible, y desde el discernimiento claro y la humildad, la que podríamos denominar la falsa espiritualidad.

Al comprometerme con esta colección de cuatro libros, mi intención ha sido trasladar al lector conocimientos espirituales más o menos confortadores y sagaces, y, también, poner en sus manos herramientas prácticas para avanzar en el real autoconocimiento y la transformación, es decir, para poder pasar del saber erudito o libresco a la sabiduría que se desprende de la práctica constante, que es la que verdaderamente cambia, porque, como reza el antiguo adagio, «si sé y no procedo en consecuencia, es que no sé».

Con mayor o menor fortuna, he tratado de practicar con asiduidad las distintas técnicas a las que hago referencia en esta colección, pero asumiendo con toda humildad la sincera enseñanza que sostiene:

Unos corriendo, otros caminando y otros arrastrándose, al final todos nos encontraremos en la meta.

Así sea.

Apéndice

No valoro las opiniones que puedan ofrecer sobre el yoga y sus técnicas los científicos que no las han experimentado lo suficiente. Muchos tienen el descaro de referirse a las mismas sin haberlas practicado ni una sola vez, por eso, no me sirven sus teorías o la profusión de conocimientos académicos. Sus testimonios no tienen el suficiente valor, si sino han practicado y ellos mismos se han vuelto su propio laboratorio viviente. Por eso me gusta decir: «No es el yoga el que hay que cientificar, sino es la ciencia a la que hay que yoguizar».

A lo largo de los cincuenta y dos años que he estado dando clases tanto de Hatha-Yoga como de Raja-Yoga, son numerosos los médicos que han asistido a nuestras aulas. Recojo en este apéndice algunas opiniones sobre asanas y *pranayama* de médicos que han practicado yoga con rigor en Shadak y en otros institutos de la India. Su testimonio es muy importante, porque además de los conocimientos médicos han adquirido con la práctica esenciales experiencias personales.

Selecciono algunas opiniones, pues yo fui la primera persona en España –y pienso que la única– que se sometió a pruebas médico-yóguicas con dos grandes especialistas: el doctor internista y yogoterapeuta Miguel Fraile y el doctor especializado en respiración Juan Estada. El doctor Fraile me investigó ejecutando asanas, de manera muy especial el *sirsasana* y comprobó cómo la presión arterial ascendía durante la ejecución y enseguida se estabilizaba. También, me investigó en *bhastrika*, *uddiyana-bandha* y ejecutando *dharana*. El doctor Estada me estudió ejecutando técnicas de *pranayama*, utilizando un instrumental altamente sofisticado, y se sorprendió por los resultados, pero sin poder llegar a una conclusión definitiva.

Merecen ser destacadas las investigaciones que llevó a cabo el doctor Behanam, que comprobó por sí mismo y reseñó científicamente los resultados y modificaciones causadas por el *ujjayi*, el *bhastrika* y el *kapalabhati*, pudiendo el yogui a voluntad aumentar o disminuir el consumo de oxígeno. Estas investigaciones ya fueron llevadas a cabo hace más de medio siglo. El doctor T.K. Behanam practicó primero *pranayama* y meditación a lo largo de tres años, y luego un año más en el Instituto de Kaivalyadhama en Maharashtra, India. En este destacado instituto médico-yogui, tuve ocasión de entrevistar largamente a los doctores Bhole y Karambelkar, cuyas opiniones y conclusiones recojo en mi obra *Principios de yogoterapia*. También, posteriormente, apliqué un cuestionario al doctor Gharote.

El doctor B.K. Ananda y sus colaboradores investigaron en Delhi a un yogui encerrado en una caja de metal sellada y comprobaron que podía reducir el consumo de oxígeno considerablemente y originar modificaciones importantes en su metabolismo. Por su parte, la doctora Teresa Brosse, colaboradora del célebre cardiólogo el doctor Laubry, comprobó cómo un yogui podía conseguir una profunda reducción circulatoria y cómo otros podían influir notablemente en sus frecuencias cardíacas. Ha investigado en diversas ocasiones en la India con un avanzado instrumental y explicó:

> El estudio del yoga no enriquece solamente nuestro campo de experimentación gracias a la práctica y a la colaboración de sus adeptos; su teoría sugiere a nuestra mente datos de interpretación más complejos y precisos el solo mecanismo psicosomático familiar a nuestra visión científico occidental.

También asevera:

> El Hatha-Yoga constituye, evidentemente, un campo de experimentación ensanchado en materia de fisiología humana y particularmente en el marco de las técnicas respiratorias cuidadosamente elaboradas por la tradición y profundamente alejadas de las condiciones en las cuales se organiza la homeostasis en la persona ordinaria.

Sin embargo, con esa enorme sabiduría y objetividad que les falta a no pocos científicos, la doctora nos previene:

Sin duda, los registros, por inhabituales que ellos puedan ser en ciertos casos, son poco significativos de una experiencia interior que guarda celosamente su secreto sobre su propio plano.

Hace ya mucho tiempo que los doctores Mukerji y Spiegelhoff investigaron diversas técnicas del Hatha-Yoga, tratando de verificar las modificaciones producidas por las mismas. Desde el consumo de oxígeno a la composición del azúcar en la sangre, desde los cambios de temperatura de la piel a las modificaciones en el electrocardiograma, desde cambios en la composición de la sangre a modificaciones en los órganos abdominales mediante rayos X, desde cambios en la temperatura de la piel al comportamiento del esqueleto.

En mi obra *Principios de yogoterapia* incluí un detallado estudio de un médico e instructor de yoga en Brasil, así como los trabajos de numerosos médicos de diversas especialidades, asiduos practicantes de yoga en Shadak, donde todos recomiendan enfáticamente la práctica de esta milenaria disciplina.

Durante muchos años investigué las psicologías orientales con la ayuda e inspiración del doctor José Álvaro Calle Guglieri, profesor de la universidad, especialista en dinámica cerebral y que había hecho cinco carreras. Juntos escribimos la obra *Yoga, zen y control psicosomático*, que resultó un gran éxito en su época. El doctor Calle Guglieri aseveraba que la práctica del yoga puede evitar los efectos desestabilizadores del mundo neurotizado y representar la terapia psicosomática preventiva más natural y eficaz que se pueda proporcionar a la persona actual, en una época en la que casi todas las «soluciones que se le suelen ofrecer son artificiales (drogas, biofeedback, etcétera) y muchas veces inoperantes».

En la India, he tenido ocasión hace muchos años y desde mis primeros viajes al país, de visitar institutos donde se investigaban las técnicas yóguicas a la luz de la medicina, entre otros el de Kaivalyadhama (varias veces visitado), el de Yogendra y su hijo el doctor Jayadeva, el del doctor Varandani y Swami Ananda, un par de ellos en el de Cochin y el departamento de yoga de la Universidad de Benarés.

Las investigaciones científicas sobre las técnicas del yoga vienen de muy atrás, y comenzaron a ejecutarse hace más de medio siglo en Japón y Alemania, entre otros países y yo mismo publiqué hace mucho tres obras en las que se abordan temas de salud relacionados con los métodos yóguicos, como *Yoga y salud*, *Yoga, una medicina natural* y *Yoga, principios de yogoterapia*. El yoga debe entenderse como una disciplina de salud integral, donde se valora la salud del cuerpo, la de la mente y las emociones.

Fue muy significativo lo que tuve ocasión de vivir con el doctor Jayadeva, después de haber entrevistado a su padre Sri Yogendra y a su madre Sita. Como en todo aquel agotador viaje de investigación me acompañaba Almudena, cuya colaboración fue invalorable. Pues bien, el doctor Jayadeva, profesor de Hatha-Yoga y meditación, nos mostró detalladamente las instalaciones médicas con los instrumentos, que se utilizan para la investigación de las técnicas yóguicas. Estábamos en el laboratorio, cuando aseveró:

Hoy en día se trata de investigar el yoga científicamente. Pero en realidad todo esto –y señaló los diversos instrumentos médicos– es de un valor muy limitado. El problema actual es que se confiere demasiada importancia a lo material, cuando lo realmente importante es la espiritualidad, aunque muchos practicantes solo busquen en el yoga la salud física. El yoga puede combatir determinados trastornos y facilitar al individuo un excelente estado de salud, pero insisto en que lo básicamente importante es la espiritualidad.

Almudena, que no solo ha sido una magnífica profesora de Hatha-Yoga, sino que es una gran y asidua meditadora, y yo nos miramos con aire de complicidad y esbozamos una satisfactoria sonrisa. Sabíamos que son innumerables los estados de la mente que, por fortuna, no podrán nunca ser reducidos al electroencefalograma y que, desde luego, la Sabiduría escapa a cualquier fórmula científica.

Debo insistir en lo esencial e iluminador que resulta que el científico sea a la par un asiduo practicante de las técnicas yóguicas. A los interesados en la perspectiva médico-yóguica no puedo dejar de recomendarles los libros: *Curación y salud integral por el yoga* del doctor Miguel Fraile, que tuve el placer de prologar, y *Hatha-Yoga práctico*, no por tratarse de mi obra, en absoluto, sino por las sabias respuestas del doctor José Manuel Muñoz de Unamuno a mi cuestionario. Tanto el doctor Fraile como el doctor Muñoz de Unamuno comenzaron con la intensa práctica del yoga desde muy jóvenes, por eso sus testimonios son de un enorme valor.